上海**教师教育**丛书

知新书系

U0601688

食与育

支持儿童主动生长的

行动研究

凤 炜 ·················· **主编**

龚 琰 ················ **副主编**

上海教育出版社

SHANGHAI EDUCATIONAL
PUBLISHING HOUSE

上海教师教育丛书编委会

主　　任　　王　平　　尹后庆

副 主 任　　李永智

编　　委　　（以姓氏笔画为序）

王　平　　王　洋　　卞松泉　　尹后庆

宁彦锋　　朱益民　　刘　芳　　闫寒冰

李永智　　李兴华　　杨　荣　　杨振峰

吴　刚　　吴国平　　张　瑾　　陈　军

陈　霞　　陈小华　　陈永明　　陈宇卿

周增为　　恽敏霞　　袁振国　　奚晓晶

策　　划　　吴国平

本书编委会

主　　编：凤　炜
副 主 编：龚　琰
编　　委：（以姓氏笔画为序）
　　　　　朱蓓蓓　许石慧　沈弘斐　张洁慧
　　　　　陈宇童　郑敏惠　黄舒华　董　炎
　　　　　董雍洁

总　序

　　教育改革的步伐已经进入了关注教师发展的新阶段。不是因为课程改革已陷于制度性疲倦，不是因为评价改革终将受制于社会发展的瓶颈，也不是因为我们拥有超过千万的中小幼教师队伍，每年有数十万的青年人正在进入这个领域。课程也好，评价也罢，根本上它们都内在于教师。拥抱"教师的年代"，不在于讨论有多少以教职为生计的人，而在于如何拥有师者的内在品质，值得学生效法，使自己从一名教者成长为一名真正的师者。

关注教师是国际教育改革的普遍趋势

　　制度化教育确立以来，课程长期占据着学校教育的中心地位。直到20世纪60年代，国际教育界才开始把视线转向教师。这是由于课程、教学、评价、管理这些学校层面的所有改革，最终都离不开教师。尽管半个世纪以来，教师职业到底算不算专业还存有不同的看法，但关于教师的专业化问题持续受到广泛关注。

　　中国向来具有别于西方的教育传统。中国古代教育有重教师、轻课程的传统，唯这种传统并未演化成现代意义上的教与学的机制，更未形成制度化的学校，因此循着传道授业解惑的路径发展教师素养的希冀，愿望虽好，但缺少登梯之阶，难以形成规范。近年来，随着教育国际交流的增进，尤其是上海学生在PISA项目中的表现，引来国际社会对中国教师组织化程度经验的关注，其中教研组和集体备课被认为是两大亮点。因为在西方，教师的教学行为被认为是从属于个人的专业行为，即便是同行也不得任意干预，可以想见，其结果便影响到授业与指导经验的传播。问题是，中国学校教研组的形式究竟以怎样的方式引导教师提升专业能力，尚缺乏充分的论证和公认的成果。理论上来说，一个组织如果确实发生了影响，既有可能是正面积极的，也有可能是

负面消极的。教研组对于教师的影响,既未被证实也未被证伪,能否成为经验尚待科学论证。至于集体备课,不久前在上海对近 8000 名中小学幼儿园教师所进行的问卷调研显示:面对庞杂的课程事实和众说纷纭的教师要求,一大批成长期的教师从茫然不知所措,到随波逐流;而所谓"成熟期"的教师则顾影自怜地停留在自我经验的世界中,真正知识讲授型教师则难觅踪影。教师发展的局限已成为深化课程改革的短板,这样的局面不改变,教育质量有大滑坡的风险。

教师的成熟需要积累丰富的社会实践

在汉语中,我们把师者称为"老师",一般解释其中的"老"无义,表尊敬。其实《荀子·致士》中强调了做老师有四个条件,其中一条曰"耆艾而信,可以为师"。古人把 50 岁的人称为"艾",把 60 岁的人称为"耆",把 70 岁的人称为"老"。这或是"老师"称谓的早期由来。可见,年龄本是成为教师的一项先决的基本条件。只是在制度化教育出现以后,尤其是以分科为特征的知识传授成为学习的基本模式形成以来,这种年龄的限制才被取消。

古人为什么会对为师者设置年龄限制,是因为教师的职业属性是一名"杂家",这样的"杂家"不经过长期的、丰富的社会实践积累,是难以炼成的。在今人眼里,"杂家"似乎意味着专业程度低人一等。其实,无论是在古代中国还是在近代西方,强调的都是社会中的个体应具备多方面的才能。孔子所谓的"君子不器"不是在谈"杂家"吗?而马克思关于人的全面发展又何尝不是在谈"杂家"呢?及至当代,"把一个人在体力、智力、情绪、伦理各方面的因素综合起来,使他成为一个完善的人,这就是对教育基本目的的一个广义的界说"(《学会生存》)。这句话表明"杂家"较之于"专家"更近于"完善的人"。教师面对的是多姿多彩的学生,每个学生都有各自的阅历,他们的家庭、他们的生活、他们的所见所闻都不尽相同,每个学生都是一个完整的世界,每个学生又都是一个独特的世界。教师要想成为学生精神生活的指引者,自己必须是一个精神生活丰富的人。而精神生活丰富的基础就是有渊博的知识,不仅是专业知识,而且是与之相关的各方面的知识。

岗位成长已成为教师专业发展的共识

我们拥有成熟的师范教育体系,拥有完备的教师任职制度,是否就意味着我们拥有了优秀教师的培养机制？想要回答这一问题，须明了教师是师范院校培养的吗？教师资格认证制度是从教的当然资质吗？

教师知识与技能的习得途径主要有三种：一是书本阅读，二是课堂知识传授，三是实践体悟。前两种可以通过岗前培养与训练获得，后一种则需要在岗锻炼习得。这就意味着，一名真正合格的教师无法在职前培训中完成，亦无法依靠教师资格认证制度自然解决。这也可以解释为什么近年来相当数量的示范性高中多从综合性大学招收新任教师，是示范性高中教学要求低，还是这些学校无视教育的专业属性？答案显然不是。教师的专业性主要不在于"知"，而在于"行"，即一名教师在从教岗位上的实践、探索、体验、反省和觉悟。可以认为，教师是在岗位实践中自我型塑的，师范院校也好，综合性大学也罢，都不过是为一名教师从教所做的预判性准备。

所谓教学，不是教师把知识从书本上搬家一样送到学生面前，它必须融入教师自己的透彻理解，没有教师的透彻理解很难有学生的透彻理解，"以其昏昏，使人昭昭"的事在教育上是难以发生的。在教师透彻理解的基础上，还必须考虑知识传授的方法。采取什么样的方法，除了教师的个人喜好外，还涉及知识的难易程度、学生的接受程度以及教学资源的承受能力等因素，取舍之间，包蕴着非常丰富的个性化知识。一名真正的优秀教师拥有丰富的个性化知识，犹如中医问诊中的察颜把脉。这种知识无法仅仅通过书本研读和知识传授获得，需要通过实践不断揣摩，从而得到一种内化了的知识。显然，它是一种非常个人化的特殊知识，需要教师在对每个学生"辨症"施教中不断积累，其习得主要依赖于教师的个人努力。由此，可以得到一条简单而又明确的结论：帮助一名从教者，使之成为一名真正的师者。可以说，帮助数以千万计的从教者，使其早日成长为师者，这是今日中国教师教育领域的一项重大课题。

助推教师成为教育的思想者、研究者、实践者和创新者

国家兴旺，教育为本；教育优先，教师为基。持续了半个世纪的教育改革浪潮把教师发展推到了历史的前台。在当代教育的历史进程中，教师不是单纯的任务执行者，而是教育的思想者、研究者、实践者和创新者。在专业发展的路径上，教师的主体地位、精神和意识得到了时代的推崇，教师专业化发展

和对教师的重新发现将对教育产生重大影响。可以说,教师问题的重要性已无须讨论,而应考虑如何实践。

　　新一轮课程改革呼唤着教师创造性地施行教与学的行为。吊诡的是,一大批被应试教育熏陶出来的青年走上讲坛,他们却被要求培养有创新能力的学生。面对变化了的教学材料和教学要求,是施教者的一脸迷茫和不知所措。英国教育家沛西·能曾说过,教师是学生学习的最大动力。问题是,迷茫中的施教者如何才能让自己成为学生学习的动力呢?

　　基于上述认识,由上海市师资培训中心主持,联合上海师范大学、华东师范大学以及上海教育出版社等单位,倾力研发并打造了这套"上海教师教育丛书"。本丛书由"知会书系""知新书系"和"知困书系"三部分构成,分别聚焦新教师的教学规范、校本的教师研修经验以及优秀教师的成长启示,旨在从岗位上助推有资历和创造性的教师成长,这是我们的理想和愿望。

　　鉴于本书系不仅是上海也是国内自改革开放以来第一次全面系统开发的教师在岗培训教材,限于能力和水平,在编写过程中尚有诸多局限和不足,乞教于方家,不吝批评指正!

上海教师教育丛书编委会

2017 年 4 月

序

　　《食与育——支持儿童主动生长的行动研究》即将付梓出版，凤炜园长嘱我写序，我欣然应允。幼儿世界色彩斑斓，童心、童真、童趣，好动、好奇、率性，幼儿保育老师保反一个个活泼可爱的幼儿健康成长、茁壮成长，不仅要一片赤诚，师爱荡漾，而且要有娴熟的保育技能技巧，再辅之以艺术才能，就能把幼儿园创建得花团锦簇，生意盎然，幼儿在欢乐中主动生长。

　　研究幼儿食育活动，让幼儿"吃出健康"、"吃出全面发展"，其中大有学问。读该书稿细细品味，深受启益。

　　"支持幼儿主动生长的食育课程的构建与实践研究"课题的诞生不是为研究而研究，而是发自园内老师对幼儿身体健壮成长中营养膳食内在需求的关心与改进。略加思考，就可知晓这些自发的行为都发轫于爱，植根于爱，是

70多年来宋庆龄先生开办中国福利会幼儿园时提出的"把最宝贵的东西给予儿童"的育人观的生动体现。育人观在办园过程中是起灵魂作用的，正确的育人观深入良师心田，就会涌现育幼儿的好思想、好方法。中国福利会幼儿园在"食育"方面积累了丰富的经验，形成了优良的传统，但以育人观中"最宝贵的东西给予儿童"的高标对照，还是有很多发展的空间。老师们这种自发探索，力求更好的主动性和报性值得赞颂。

　　凤炜园长珍视老师主动作为的育人精神，抓住进一步发展的契机，把老师自发的、分散的、零碎的认识与做法进行认真的梳理，使之条理化、系统化，上升到理性高度，开展科学研究，使办园的育人观落到实处，在新时代保良幼儿内发创新的光彩。

　　课题研究的确立，既有70年来幼儿园重视儿童"食育"丰厚历史积淀的支撑，如从"吃饱"到"吃好"到"样样吃"，又以国内外这方面的研究成果为借鉴，更以幼儿现实生活需求为目标，有理有据，思路清晰，探究开展当今"食育"的新思路，寻觅其中发展的新奥秘，解决以食育人、以食化人的真问题，全面提升育人的质量。这项行动研究具有促进幼儿主动生长的价值和意义。

这项研究的可贵之处，不仅在传承，更在创新，在传承的基础上创新。幼儿园重视膳食营养，制定食谱，提高烹饪技艺，让幼儿"吃出健康"已成为共识，且乐此不疲，不断改进，并结合幼儿饮食的种种情况，开展适合年龄特征的认知食育、情感食育、习惯食育，也积累了不少好经验。现实的良好状况、丰富的良好经验，常使人安于现状，裹足不前，而这项研究的可贵就在于自我突破。突破不是就事论事就食育论食育，而是首先在食育理念上的突破，以食育理论指导食育实践的研究。

我们要全面贯彻党的教育方针，把学生培养成为德智体美劳全面发展的中国特色社会主义建设者和接班人。在基础教育阶段，这一点在中小学特别强调，学前教育阶段，人们通常总认为"养"是中心，是重点，"育"的意识比较淡薄。其实，学生的全面发展并无年龄界限。俗话说，"三岁孩童映八十"，三岁幼儿接受的食育，形成的认识、行为、习惯，到八十岁还会有痕迹，有所反映，可见幼儿食育的重要性。而今，课题研究，设计课程体系，以全面贯彻党的教育方针为指针，将食育作为教育途径与教育资源，对幼儿进行全面发展的教育，这就在原有"吃出健康"的基础上大大向前跨越，"吃出全面发展"，思想有高度，迈上了幼儿食育的新台阶，显示新时代以食育人的光彩。

以"食育"为中心的课程设计丰富多彩。五育并举，既各具特色，又相互贯通；既有食前布局，食中运作，又有食后措施；既有群体规则，又有典型案例；教师、家长、幼儿共同发力，落实日常要求，举办节日活动、主题活动，促使幼儿主动生长。真是林林总总，美不胜收，无需赘言详说。

这本"食与育"的研究与描述，图文并茂

可操作性强。认真阅读，不仅可发现其中寓含的深意，更可以幼儿稚嫩成长的斑斓世界中享受到无限的欢乐。主动生长，了不得！

　　　　　　　　　　　　　于　猗　2023年9月16日

前　言

　　在基层一线，经常会有这样的疑问：幼儿园需要搞科研吗？科研并非幼儿教师的强项，为什么不让老师们静下心来全心全意地带班，把科研工作交给大学教师和科研人员去做呢？扬长避短、各展所长不是更好吗？而我以为，幼儿园的科研，其目的并不在于要研出多么高深的成果，而在于借助科研的思路和方法去培养教师队伍、去优化课程内涵和课程实施。说到底，科研就是幼儿园开展队伍建设和课程建设的手段。我园的"食育"课题，正是基于这样的想法，在三年多的研究过程中，经历了"出问题""出经验""出成果"三个阶段，较为有效地提升了教师的专业能力，完善了我园"生存教育"课程体系。

　　"出问题"是最为迷茫和纠结的。没有问题是最大的问题，有了问题又吃不准是否找准了路子，问题太多太杂更是让人无从下手。作为一所拥有70多年办学历史、高度重视儿童营养膳食的学前教育机构，已经积淀了极为丰富的营养膳食经验。但是，这些经验符合当今儿童的发展需求吗？我们还可以往哪些方面创新发展？为了要捕捉新的增长点，我们把70多年的营养经验仔仔细细地复盘了一遍，把相关的文献资料认认真真地学习了一遍，通过反复盘点与研判，我们决定基于以往"吃出健康"的经验基础，把着力点安放在"吃出全面发展"上，结合我园"生存教育"理念，以"食育"为途径"支持幼儿主动生长"。如此定位，既贯彻落实宋庆龄先生提出的"把最宝贵的东西给予儿童"的育人观，就"食育"领域"什么是最宝贵的东西""怎么给予儿童"等关键问题进行深入探究；又聚焦"食与育"开展课程建设，进一步丰富和完善我园"生存教育"课程体系。在寻找、甄选"真问题"的过程中，广大教师反复思考"食育"中哪些内容可有效支持儿童主动生长？这些问题是否具有探索研究的空间和价值？在研磨、斟酌问题的过程中，教师们逐渐明确从"日常餐饮"和"专题活

动"两大渠道引导儿童主动选择健康生活的意识的能力；在辨析、权衡教育价值的过程中，教师们对"生存教育"理念有了更为深入的认识。

"出经验"是最为快乐和激动的。教师们尽情调动教育智慧，各式各样的"金点子""哇时刻"层出不穷："我的餐厅我做主"有效地激发起孩子们的积极性和创造性，他们满校园地寻找设置餐厅的合适地址，和小伙伴们热烈地商议着餐厅布置、餐桌饰品，反复求证着方便客人用餐的路线和提示等。于是，洞穴餐厅、阁楼餐厅、草坪餐厅、烛光餐厅等各种充满创意和童趣的餐厅在孩子们的群策群力下一一登台亮相。"团圆饭菜单"巧妙地连接起幼儿园和家庭，孩子们以其有力的小手把爸爸妈妈爷爷奶奶们卷入其中，他们拉着爸爸妈妈走街串巷察访各种风味菜肴，帮着爷爷奶奶做出各种家乡小吃，他们把各种有趣的、好吃的、有故事的餐点照片、就餐体验等等统统带进幼儿园，大家一起拼凑出一大摞的菜单，然后再进行讨论、争辩、游说、投票筛选等，当孩子们如数家珍地呈现出一张像模像样的有菜有汤有点心的团圆饭菜单时，老师们突然发现孩子们又长大了一些。一个个饶有情趣的"食育"活动，如同灌注神力的魔法棒，有效地点燃孩子们倾情投入、主动生长的"穴位"，令他们的知情意行得到全方位绽放。在欣赏孩子们快乐生长的过程中，教师们切实体悟到"餐饮"作为教育资源的意义和价值，逐步摸索到以"餐饮"为教育手段的特殊门道，一个个成功的案例、有效的策略，激励着教师本人，也深刻地影响着周围的同伴，大家不约而同地沉醉于其中，享受着"食育"的超凡魅力与力量。

"出成果"是最为苦恼和费神费力的。起步阶段，"食育"活动的生成，多半因教师或孩子的一时兴起，存在较大的随意性，缺乏整体规划；活动目标常常服从于内容和形式，缺乏必要的教育逻辑和梯度。面对众多生动有趣但又零星离散的"食育"活动，如何厘清它们的逻辑关系？如何将之整合成为横向联结贯通、纵向有序衔接的体系？这确实是一个繁杂而精细的工程！比如，每月一次的"小鸽子餐厅"，托小中大不同年段的"食"与"育"有何不同？不同月份的"小鸽子餐厅"又有何不一样？它们之间的逻辑关系又如何？再如，"食育"活动中有不少关于"选择"的教育内容，

"自助餐吃什么?""团圆饭菜单选什么?"等等,这些"食育"中关于"选择"的内容,与"社团""节庆"等课程中的"选择"有何不同?其关系又如何?"食育"作为"生存"课程中的一部分,如何在纵横交错的课程体系中有效促进儿童全面、整体发展?这一切,促使我们不断去审视和辨析多姿多彩的"食育"活动,促使我们去系统架构"食育"课程的目标、内容、实施、评价等各大板块,促使我们去科学把控"食育"在整个"生存"课程体系中的结构定位和功能价值,促使我们不断地迭代优化"食育"课程使之更为有效地发挥教育影响。

本次课题主要采取行动研究的方法。捕捉"食育"过程中存在的问题,以问题驱动实践研究;针对问题制定计划,设计活动方案、"食育"情境、实施策略等,引导教师和保健、营养、保育人员以及家长等根据计划、围绕目标开展探索研究;活动过程中,重视以儿童行为表现为对象、以儿童成长档案为载体开展观察研究,过程中,信息和信息技术成为教师捕捉和筛选证据的有力支柱;我们反思的方式是丰富和多元的,既有来自教师、家长的反思,也有儿童以儿童的方式开展的反思,既有个体的反思,也有集体组织的反思等等,我们力求通过持续不断的反思与改进,更为有力地支持儿童生长。在周而复始的计划—行动—观察—反思过程中,教师的专业能力得以逐步提高,幼儿园的课程得以持续完善。

本书共有六章,第一章"儿童食育的现实基础与发展诉求"由凤炜撰文,概述了中国福利会幼儿园70多年的食育经验,以及本次研究的价值取向、实践诉求和拟创新突破的内容;第二章"儿童食育的学术史梳理与研究动态"由郑敏惠等撰文,剖析了英、美、德等国在儿童"食育"方面的经典案例,分析了目前儿童"食育"的优势与不足,为本研究打下良好基础;第三章"儿童食育的研究内容与技术路线"由凤炜等撰文,明确了本次研究的价值定位和技术路径,确定以"食育"课程为研究的主要内容,以"行动研究"为研究的主要方法;第四章"多头并进合力共育'健康儿童'"由龚琰、许石慧、董炎等撰文,研制了"食育"课程方案,例举了食育资源收集、整理与运用的基本思路,介绍了以"食育"培养儿童主动发展的有效举措;第五

章"推进多元主体共同发展"由陈宇童、张洁慧、黄舒华等撰文，介绍通过"食育"课程的研究引领教师在日常生活中践行"生活即教育"，支持儿童在现实生活中主动生长，促使幼儿园在课程建设中不断擦亮品牌的相关经验；第六章"确立深化儿童食育研究的拓展路线"由董雍洁、朱蓓蓓、沈弘斐撰文，再次审视本次研究过程和研究成果，就评价支持、家园合作、示范辐射等方面提出发展思路与展望。此次课题，我们通过全面发动，把全体保教人员卷入其中，共同探索研究儿童"食育"的路径和方法；总结阶段，我们更是通过广泛招募，把56名教师吸引到本书编撰工作中来，发动大家贡献教育智慧，总结"食育"经验。正是在这种深入一线的沉浸式教育科研中，教师和保健、保育、营养人员以及家长等在过程中获得了长足发展。

本次研究得益于上海市妇女儿童工作委员会的支持，因为有幸立项了市妇联的课题"支持幼儿主动生长的食育课程构建与实践研究"，促使我们踏上了探索儿童"食育"的路程。研究过程中，衷心感谢吴国平、宁彦锋、公雯雯等老师的鼎力相助，悉心指导我们系统探索儿童"食育"的"门道"。尤其令我们感动不已的是，于漪老师忍着病痛，欣然提笔为我们做序。正如于漪老师所言，儿童"食育""大有学问"。此书，正是我们探索"大学问"的一个阶段总结，是中国福利会幼儿园全体保教人员的智慧结晶；后续，我们仍将以教育科研为手段，全身心投入"把最宝贵的东西给予儿童"的事业，并在过程中不断淬炼队伍，提升质量。

凤　炜

2023 年 10 月 30 日

目 录

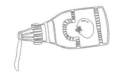

1

儿童食育的
现实基础与发展诉求

中国福利会幼儿园是一所与新中国同龄，由新中国的缔造者之一、国家名誉主席宋庆龄先生创办的实验型、示范性学前教育机构。开办70多年以来，始终秉持宋庆龄先生提出的"把最宝贵的东西给予儿童"的育人观，长周期关注并研究儿童营养膳食，形成了一系列行之有效的带量食谱、烹饪方法、养育经验等。随着社会经济以及教育理论和实践的发展，人们对于儿童"营养膳食"的认知悄然发生着变化，其内涵不断丰富，外延不断拓展，并逐渐被赋予更多的"教育"的诉求。于是，我们的"食育"研究也由旨在"吃出健康"逐渐走向"吃出全面发展"；我们"饮食"的目的不再局限于为生命体的延续提供物质营养，而是要成为丰富生命内涵的重要资源和有效途径。

※　本章由凤炜撰文。

第一节
70年历史积淀与食育脉络

中国福利会幼儿园的食育历史主要分为两个阶段，第一阶段是以"吃出健康"为主要特征的食育活动，主要集中于对儿童营养膳食的探索实践；第二阶段是以"吃出全面发展"为主要特征的食育活动，将食育作为教育资源和教育途径之一，对儿童开展全面发展的教育。

一、长期重视儿童"食育"，积淀丰厚的营养膳食经验

宋庆龄先生认为，有什么样的儿童，国家就有什么样的未来。为此，在上海刚解放不到两个月的1949年7月24日，宋先生在日理万机之际，在位于上海陕西北路369号的宋氏老宅创办了中国福利会幼儿园。至此，如何养育好每一个孩子，成为所有教职员工始终不懈探究的问题，并在70多年办学过程中积淀了丰富的营养膳食的经验。

（一）"吃饱"——为儿童生长发育提供基本营养

幼儿园创办之初，正值上海刚刚解放。当时，社会经济十分落后，儿童普遍身体羸弱、营养不良，"吃饱"成为当时幼儿园养育工作的首要问题。园史资料显示，为了让孩子们吃饱，不同岗位的保教人员各尽所能，使出浑身解数，一方面想方设法尽可能采购价廉物美的食材，充分发挥各种食物的作用；另一方面及时总结经验，促使好的方法得以传承运用。为了用有限的伙食费买到更多食品，采购员经常到不同的菜场进行观察比较，精打细算地采买更为价廉物美的时蔬；营养员不断提高烹饪技艺，通过米面搭配、干湿搭配、粗细搭配等调配不同食材，使孩子们在食品匮乏的情况下也能够拥有"饱腹"感；老师带领孩子在园内开辟"小菜园"和"养殖场"，种起了蔬菜，养起了猪和鸡，通过自力更生来弥补伙食费的不足。

幼儿开展蔬菜种植

　　"让孩子们吃饱"成为物资匮乏年代的特殊目标，由此研发形成的"根据季节时令采购食材""合理搭配食物""带领孩子开展种植劳动"等经验，在当时发挥了十分重要的作用。时至今日，其价值仍然不容小觑，一些好的方法，依然在日常保教工作中被广为沿用。

（二）"吃好"——为儿童生长发育提供丰富营养

　　随着国家经济的发展，食品匮乏问题逐渐得到改善。于是，幼儿园进一步提出"尽可能让孩子们吃好"，使其拥有身体发育所需要的丰富营养。当时，食品由国家统一配给，宋先生亲自关心，将在园儿童的户籍统一迁到幼儿园的集体户口本上，并以此为依据协调各职能部门，专门为在读儿童供应奶制品等富含营养的食品。与此同时，依据宋先生关于"加强科学研究"的办园方针，与同属于中国福利会系统的国际妇婴保健院紧密合作，对儿童每日饮食进行营养分析，并以分析数据为依据，调整儿童的食品供应。可以说，中国福利会幼儿园是新中国最早开展食品营养分析，并依据分析数据开展科学营养的幼儿园之一。

　　园史资料表明，这一阶段主要研究成果有二：一是依据营养分析理性选购食品，为孩子提供丰富营养。比如，刚开始时，我们为孩子们提供奶粉，但营养分析让我们认识到：鲜牛奶的营养价值远高于经过处理的奶粉，且更容易为儿童所吸收。为此，幼儿园马上将奶粉改为鲜奶。二是合理规划和使用每月伙食费，提供均衡营养。通过营养分析发现：儿童每月的营养摄入常常出现"月头丰富、月尾不足"的现象。自查发现，采购员在采购伙食时常常缺乏计划性，在月头经费充足时，放开手脚买肉，由此导致到中下旬伙食费就会出现紧张状况，不得不以采买蔬菜为主。为了平衡每日营养，幼儿园开始尝试制订每周食谱，力求通过合理规划和使用伙食费来保障儿童均衡营养。

营养员进行营养配餐

在聚焦"吃好"的实践探索中，幼儿园就如何让儿童吃得更有营养、营养更为均衡等问题开展研究，并在过程中积累形成了"医教结合""营养分析""制订食谱"等系列经验。这些经验，在我园办学过程中一直沿用至今，并在实践过程中不断优化。

（三）"样样吃"——为儿童生长发育提供科学营养

随着我国经济快速发展，尤其是农牧业的发展，儿童餐桌上的菜点越来越丰富。当"吃饱""吃好"不再是问题时，"挑食"等新问题接踵而来。比如，刺鼻的羊膻味、怪异的蓬蒿菜、黏糊糊的秋葵等因食物气味或形态怪异而不为儿童所接受；再如，味

幼儿愉快地品尝午餐

道鲜美的鱼类、富含微量元素的坚果类，因儿童咀嚼功能尚未发育完善而难以食用；还如，家庭饮食习惯、宗教信仰等导致部分食品不上家庭餐桌，久而久之，导致儿童对这些食品的排斥心理。对此，大厨们经过不断尝试、实践，研究出一整套适合儿童年龄特点的"去味""去腥""去刺""变嫩"等的烹饪方法，通过加工制作解决了一些特殊食材有异味、难咀嚼等问题；同时，有机整合、巧妙运用各类食材，比如，将坚果碾碎后与面粉合成，制成坚果酥、坚果饼干等各种坚果类点心，深受儿童欢迎。

大厨们在实践中发现，2—6岁儿童的咀嚼功能存在较大差异，为此，针对不同年龄儿童的咀嚼特点，在食材选购、切配、烹饪等方面进行专门定制。20世纪50年代开始，我们不仅将儿童菜肴与教工菜肴分灶烹饪，而且还根据儿童年龄特点，每天面向托班、小班和中大班的幼儿分制三种菜点，这一做法较为有效地促进了儿童营养吸收，并形成传统，延续至今。同时，保教人员还积极与家长沟通联系，家园合作培养儿童不挑食、样样吃的良好饮食习惯。

在"样样吃"的研究过程中，幼儿园逐渐形成"儿童为本"的科学养育观，积累了一大批深受儿童喜欢的经典营养食谱和烹饪制作方案，儿童与教工分灶烹饪、不同年龄班分开切配和烹饪、家园配合培养幼儿饮食习惯等做法已逐渐形成优良传统。

中国福利会幼儿园直面不同时期、不同经济条件下的"真实"问题，聚焦"保健康"的养育目标，在横跨 70 多年的历史长河中，坚持行动研究，通过不断地观察—反思—改进，历经"吃饱""吃好""样样吃"三个发展阶段，逐步积累形成了较为丰富、实用的营养膳食经验，并以实证为依据，在不断扬弃与迭代优化中，一步一个脚印地持续提升幼儿园配餐的膳食营养。

二、尝试开展"食育"活动，实践探索以"食"为"育"

随着教育理论与实践的不断发展，我们不仅要问：一日三餐只是为了给生命体提供营养吗？长期形成的营养膳食经验能否作为教育资源，发挥更大的教育价值呢？基于上述思考，教师们开始自发设计并实施各种与饮食相关的活动，"以食为育"的实践探索自下而上拉开序幕。

初步的尝试是令人振奋的，生动、鲜活的体验让师生欢欣鼓舞，老师们意识到："饮食"不仅可以作为儿童教育的重要资源，也是儿童教育的重要途径。由此，我园的"食育"逐渐由单纯重视"饮食"，逐渐走向"食""育"并重，"以食为育"的教育价值逐渐彰显。

（一）"食育"活动具有天然的吸引力，激发儿童倾情投入

食物对于儿童具有难以拒绝的吸引力，能够轻而易举地激发其内驱力并将其卷入其中。抓住儿童"贪吃"的特点，教师们开展了一系列与"食物"相关的活动，并以此开展教育引导。比如，让处于入园适应期的新生参加"做葱油饼"活动，喷香、诱人的葱油饼让刚刚还在哭哭啼啼的孩子们暂时消除了分离焦虑，全身心地投入到捏面团、放葱花的活动中。更为关键的是，吃着在老师帮助下亲手制作的葱油饼，让第一次离开家庭的托小班孩子对幼儿园拥有了同以往完全不同的快乐回忆，为其人生之初的社会化进程打下美好印记。

不仅是托小班孩童，几乎所有的孩子都能够倾情投入关于"吃"的活动，并从中深受裨益。以中班的小迪为例，不知道是什么原因，小迪从小就拒吃青椒，久而久之，青椒成为小迪在饮食过程中迈不过去的一个门槛。在一次制作比萨的活动中，教师有意投放了青椒等食材，小迪学着大家的样子，在自制的比萨面坯上撒上一些青椒。当自制的比萨喷香出炉后，小迪居然无视青椒的存在，美美地吃下了自制的青椒比萨！

这次特殊的经历，让小迪突然发现原来青椒并不难吃。之后，教师又安排了采摘青椒等活动，这些活动逐渐让小迪对青椒产生了亲近感，慢慢地改掉了拒吃青椒的习惯。

"吃"是一种内涵丰富、极具"张力"的整合性教育活动，在关于"吃"的活动中，儿童可以获得知识、技能、情感、态度等全方位的发展。以大班幼儿制订"团圆饭菜单"为例，孩子们通过采访大厨、保健老师、父母等，了解到一份完整的菜单，须由"大菜""点心""汤"等不同要素组成；通过和爷爷奶奶一起制作家乡菜、和爸爸妈妈一起探店品尝特色菜等活动，孩子们对菜单有了自己的主张，主动向同伴介绍、推荐自己爱吃的菜点；通过吃播介绍、讨论商议、投票选择等活动，孩子们以自己的方式确定了团圆饭的菜单。众所周知，兴趣是儿童主动学习的起点，在以"吃"为媒介的活动中，儿童不仅倾情投入、乐此不疲，而且其语言表达、合作协商、问题解决等诸方面的能力都得到锻炼，获得了全方位的长足发展。

（二）"食育"活动具有显著的亲和力，吸引家长全心陪伴

家园合作共育对儿童健康成长、对提高教学效率具有十分重要的意义。但由于许多家长被工作、家务等各种各样的事务所羁绊，对于家园共育不太热心，甚至在亲子互动中表现出心不在焉的情况。调查发现，能够让家长与教师精诚合作、与孩子自然互动，且有始有终全心全意参与活动的，首推"食育"活动。面对"食育"活动，家长常常不由自主地放下手头工作，与老师一起出谋划策；放下做父母的"身段"，与孩子一起"卷入"到柴米油盐之中。在"上海美食节"活动中，孩子们牵着父母的大手走街串巷寻访上海特色小吃；父母们自告奋勇来到幼儿园，带领孩子制作各种特色小吃；……无论家长还是教师，都兴致勃勃地和孩子们一起投入到环境展示、食物品尝、街头采访等活动中，创造性地将"食"文化生动形象地展现出来。活动过程中，家长和孩子们由衷地流露出欢喜的神色，迸发出惊人的创造力，常常使活动高潮迭起。基于心悦诚服的"乐意"，家长们踊跃地各展所长，主动地与教师合作，使得家园双方的力量得到高效整合，教育效果往往特别好。

（三）"食育"活动具有强大的教育性，助力教师得心应手

"吃"是孩子们最喜欢的活动，加之"食育"的内容广泛、形式活泼，教育成效

可控、可期，教师实施起来往往得心应手。在 2020—2022 的三年间，幼儿园因防控新冠疫情的需要而停止了所有的外出活动，"食育"成为教师丰富和活跃孩子们校园生活的重要内容之一；校园并未因疫情防控而寂寞紧张，反而因"食育"活动而生机勃勃。为了给美食餐厅选址和布置环境，孩子们勘察了校园的每一个角落，有的在地道中设置充满野趣的"地下餐厅"，有的在种植园里装饰充满创意的"奥力给"餐厅，还有的在楼梯间、大草坪、教室里装点出色彩斑斓的童话餐厅。研究与制订主题菜单常常是孩子们争执不休的热门话题，他们伙同父母在家里自制各种食品，和同伴们共同研究各种时令蔬果，和好朋友分享餐饮过程中的心得体会，在此基础上研究出各种令人出乎意料的菜单。比如，给幼儿园大厨们开出了以秋日蔬果为主题的"秋葵炒虾仁""鹌鹑蛋煮南瓜"等，孩子们品尝着大厨使出洪荒之力烹饪出来的菜品，充满着成就感和自豪感；而以家乡菜为主题的"九转大肠""徽州毛豆腐"等，则点燃了孩子们对于中华传统饮食文化的兴趣。种植瓜果蔬菜是对幼儿综合能力的考验，品尝自己种植、养护、采摘、清洗的鸡毛菜，孩子们第一次因食物而充满了幸福感；比较在水培和土培两种环境中生长的土豆，孩子们不仅学习到测量、培育等科学知识，更磨砺了每天坚持养护植物并进行观察记录的耐心；2022 年 4 月，上海全市居家防疫，在幼儿园值班的保安叔叔因运力受限而一时食物紧张，孩子们得知消息后，马上打电话给保安叔叔，指导保安叔叔去采摘他们种植的蔬菜。种植蔬果、认识食材、选择菜点、礼仪进餐、自理劳作等丰富多彩的"食育"活动，紧紧扣住儿童的现实生活，让儿童在直接感知、实际操作、亲身体验的过程中逐渐体悟人与自然、人与社会、人与自我的关系，有效地支持了儿童全面、主动地发展。

正是基于儿童、家长、教师对"食育"的认可和欢迎，各式各样的"食育"活动星星点点地"燎原"起来：节庆活动中，除"端午"品粽子、"元宵"包汤圆外，还专门创立了"美食节"活动；社团活动中，除"小厨房"活动外，专门设置了融合种植、制作、烹饪等系列活动的"小农庄"社团；实践活动中，除"自然角"活动外，春秋游的餐点配制等，已经成为社会实践中不可或缺的重要内容；日常生活中，除一日餐点外，每月一次的"小鸽子餐厅"活动也成为保教人员实施教育的重要途径。由此，幼儿园生成、积淀了包括"科学营养""饮食礼仪""食材探究""自我服务"等丰富的"食育"内容，形成"小鸽子餐厅""小农庄""小厨房""小吃货吃播"等深受儿

童、教师和家长们欢迎的品牌活动，"食育"的教育价值得以彰显。

尽管单个的"食育"活动生动有趣、富有价值，但从整个课程体系而言，一个个"食育"活动附属于各类微课程中，活动内容零星叠加，未能发挥出课程的整体作用。比如"元宵节"中有品尝活动"吃汤圆"、劳作活动"包汤圆"、社会活动"爱吃的汤圆品种大调查"、语言活动"团团圆圆过新年"等，这一系列活动让儿童从不同视角了解到传统的"元宵节"文化。但是，"汤圆"只是为了帮助幼儿了解"元宵节"文化吗？除此之外，是否还具有更为广泛的教育价值？另外，如何有区别地定位元宵节"汤圆"、端午节"粽子"、重阳节"糕点"等不同节庆美食的教育功能呢？如何从"食育"角度架设儿童逐步成长的阶梯？这一切，都需要对散落于一日生活中的零星"食育"进行全面梳理和整体布局，使之形成对内有序衔接、对外横向联系的"食育"课程，从而发挥"组合拳"的作用。

三、借鉴国内外研究新成果，架构园本化"食育"课程新思路

文献资料显示，"食育"最早起源于日本。1896 年，日本养生学家石塚左玄在《食物养生法》中提出"体育、智育、才育即是食育"的观点；2005 年日本颁布的《食育基本法》将"食育"明确定义为以丰富"食"的知识、学习"食"的选择、开展健康的饮食为目的的活动[①]。

我国的饮食文化包罗万象，不仅有通过选料、切配、烹饪等精心打造的厨艺，有历经上百年精进而成的川、鲁、粤、淮扬、浙、闽、湘、徽八大菜系，有民间积淀形成的"色、香、味""滋、养、补""餐具、服饰、礼仪"等各种讲究，更有"民以食为天""粒粒皆辛苦"等源远流长的"食"育资源。2006 年，李里特教授将"食育"概念引入中国，并将之定义为"培养良好饮食习惯的教育"[②]。研究认为，"食育"可以从婴幼儿开始，通过满足婴幼儿基本需求的"食育"活动，使其身心愉悦，并在进程中获取科学营养的知识，养成良好的饮食习惯，了解并包容不同的饮食文化。各级各类幼儿园也纷

---

①　吴坚译.日本《食育基本法》中文版［EB/OL］.NPO 法人日中健康科学会 / 独立行政法人国立健康营养研所.http://gc.100xuexi.com/ExamItem/ExamDataInfo.aspx?id=D8671CB-3817-4CEF-BB60-69D533BC74F3.

②　李里特.国民素质教育的新课题——食育［J］.农产品加工（创新版），2010（5）：4—6.

纷开展关于"食育"的实践与研究，研发形成大量与幼儿现实生活密切联系、内容丰富多彩、形式生动灵活的"食育"活动，有效促进了儿童体智德美劳多方面发展[1]。

结合国内外研究新成果进一步反思教师们的自发探究，帮助我们厘清了儿童"食育"课程研究的新思路，促使我们在建构"食育"课程时，关注以下问题。

（一）联系"现实"生活

幼儿教师习惯于利用各种童话故事开展教育活动，即便是计算、常识等相对理性的科学活动，也会借助诸如"黑猫警长抓老鼠"等故事情节开展教学。研究"食育"文献资料并结合我园初步实践，让我们意识到教师们基于对儿童年龄特点的误解，日常教学在不知不觉中滑向脱离幼儿现实生活的所谓"童话世界"。通过对"食育"活动的观察与反思，让我们深切感受到"生活即教育"的意义，促使我们进一步去思考和探索如何基于儿童现实生活，开展以"饮食"为媒介、为资源、为途径的教育活动。

（二）聚焦"健康"本质

"食育"所指向的"健康"是支持儿童全面的、可持续性的健康，不仅仅局限于吃下成人所提供的膳食，养成健康的身体，"食育"还应该包括主动选择健康饮食的意识和能力，逐步养成有益于健康生长的生活习惯，形成与自然、与他人、与自我和谐相处的生活态度；"食育"不仅仅关注儿童当下的全面健康，还应该关注儿童自主维护"健康"的可持续发展的能力和素养。

（三）激发"自主"生长

调查显示，当下的家长，普遍满足于让孩子吃饱、吃好，但很少对孩子进行营养教育，甚至因溺爱而纵容孩子挑食偏食、暴食暴饮等不良习惯；当下的幼儿园，普遍重视为儿童提供科学的营养膳食，不仅对每日儿童膳食的分量、品种以及营养元素等有明确规定，而且重视通过提高烹饪技术、提供一日多餐、通过合理搭配等提高幼儿营养摄入，并通过"营养分析"等手段来保障科学营养，但是关于科学营养的教育

---

① 郑秀敏，张议月.以食促育——幼儿园健康教育之新路径［J］.今日教育：幼教金刊，2022.

却明显不足，缺乏形成体系的营养课程和教育指导；在社会层面，尽管《舌尖上的中国》《风味人间》等电视美食节目层出不穷，但主要还是立足于推广美食、传播饮食文化，很少从科学营养、健康生活等角度开展宣传。为此，建构儿童"食育"课程，让儿童从小了解健康营养的知识，学会合理、科学地选择并享用食物，拥有"健康生长"的意识和能力，显得尤为重要。

（四）拓展"育人"功能

"食育"过程由单纯的餐饮活动进一步拓展到探寻食材来源、进行食物加工、开展餐饮自理服务等全过程；"食育"内容由单一的"吃"进一步拓展到与"吃"相关的种植、整理、制作等内容，由此，"食育"不再局限于"保障健康"，而是以"吃"为媒介开展儿童全面发展教育的活动。

（五）关注"整合"效应

在蔬果种植、食材加工、食物烹饪、饮食品尝、文化探寻等各类"食育"活动中，将"食育"内容整合于健康生活、探索自然、表达表现等各领域中，引导儿童在与"食"相关的各类活动中获取直接的、整体的感知与体验，并在操作、体验、探索、劳动等各类活动中获得全面发展。

（六）聚力"多员"共育

由于"食育"内容遍及每日饮食，家园双方都有许多话题可说、有许多资源可用，加之儿童饮食习惯的培养需要家园双方一以贯之地教育引导，"食育"逐渐成为家园合作程度最高的活动内容。在幼儿园的"食育"活动中，拥有农耕经验的爷爷奶奶成为幼儿园小菜园里的菜籽供应者和种植指导员，爸爸妈妈成为"小厨房"的志愿者和"食育"资源的提供者，社区的菜场、郊区的农田成为孩子们观察、实践的重要场所，……几乎不需要动员，家、园、社围绕"食育"活动自然而然地走到一起，携手开展合作共育。

文献研究促使我们认识到上述问题，并将之融于"食育"课程方案中，使课程更好地与儿童对话，更为精准地支持儿童全面发展。

第二节
食育价值取向与实践诉求

健康的劳动力是保障经济生产和社会发展的根本，饮食是影响人体健康的关键因素。将"食育"引入幼儿园，从小培养儿童科学饮食和健康生活的习惯，为其终身发展打下"健康"底子，是国家兴盛与民族振兴的基础。

一、有助于转变观念，引导儿童形成科学的饮食行为和习惯

在我国，儿童"食育"研究处于起步阶段，无论是幼儿园的保教人员还是适龄儿童家长，对于儿童的膳食营养或多或少存在偏见或不足。调查发现，在儿童"食育"过程中，主要存在以下问题：

一是重"吃饱吃好"、轻"科学营养"的倾向。长期的饮食习惯，促使我们常常不由自主地追求食物"色香味俱全"，忽视合理饮食和科学的营养结构，这种情况在家庭中尤为普遍。调查发现，家长普遍对食物的营养价值、食品的营养搭配缺乏科学认知，日常生活中片面追求让孩子吃饱肚子、吃上所谓名贵的"好东西"，忽视食物本身是否具有营养、该营养是否适合适龄儿童、每日餐饮的营养结构是否科学等问题，这在一定程度上造成了儿童挑食、暴食、随意饮食等现象。调查发现，有少数家长因缺乏科学、全面的营养观，刻意追求极致的"营养价值"。如：因担心油盐酱醋不利于健康而使得菜肴清淡无味，因担心烹饪过程中营养流失而让孩子吃生冷食品，因认定某一食品营养价值高而强迫孩子天天吃，……这种片面、盲目追求营养价值的行为，不仅影响儿童营养摄入，还会导致儿童产生逆反、排斥心理。

二是重"定量"、轻"体验"的倾向。此类情况在家庭和幼儿园时常可见：在家里，为了让孩子吃饱、吃暖和，家长常常让孩子一个人先吃，把孩子"搞定"后让他（她）到一边去玩耍，大人们定心围坐一起吃饭。这种看似关爱的举动，却让儿童一

个人"孤食"，缺失了与家人围坐一堂共同享受美食的愉悦体验。

在幼儿园里，孩子们常常被要求"吃饭不讲话"，几十人坐在餐厅里寂静无声；老师还常常通过"先吃完的可以多玩一会儿""先吃完的奖励五角星"等激励措施鼓励孩子快速吃完定量。因为有了"完成定量"的目标压力，孩子们在静悄悄的餐厅里很少有与好朋友进行轻松交流、愉快享受美食的体验。

三是重"食"轻"育"的倾向。家长片面地认为给孩子提供营养高的食物，孩子喜欢吃并能够吃完就万事大吉，忽视在日常生活中让儿童了解一些简单的营养知识、积累一些合理搭配食物的经验，忽视帮助孩子初步形成自主调节饮食、主动选择营养食物等方面的意识和能力，忽视培养孩子健康的生活态度和饮食习惯。在保教过程中，我们时常会遇到孩子面对煮熟的鸡蛋茫然无措，因为他们平时遇到的都是已经剥去蛋壳、张嘴即可吃的鸡蛋，不知道带壳的蛋怎么吃；我们甚至还遇到过不会咀嚼和吞咽蔬菜、肉类的孩子，因为父母忙于工作，保姆一日三餐只喂孩子牛奶。儿童在日常饮食中常常处于被动接受的状态，不知道如何选择食物，不了解如何吃才是科学营养，缺乏自主生长的意识和能力。

本课题力求通过实践探索，摒弃将饮食视作"维持生命手段"的片面认知，建立科学的饮食观。家园合作，共同引导儿童初步了解常见食物的营养价值，逐步养成健康的生活态度和良好的饮食习惯。

二、有助于课程建设，促使幼儿园形成系统的教育路径和方法

课程是幼儿园开展保教工作的基础，是影响保教质量的核心。尽管教师们对"食育"活动表现出极大兴趣，并设计、实施了一系列生动活泼的相关活动，但在一日活动组织实施中，依然存在以下问题：

一是重"组织活动"，轻"日常渗透"的倾向。教师们常常有意无意地将"育"与"食"割裂开来，习惯于通过组织活动完成"食育"目标，忽视在日常生活中进行潜移默化的渗透引导。于是，经常可以看到这样的景象：一方面教师在生动有趣的活动中教育儿童要"自己的事情自己做"；另一方面却在午餐、点心等日常生活中越俎代庖，剥夺儿童自我服务的机会。舍弃真实的生活实践，组织一些看似热闹、有趣的

教育活动，不仅走入了"事倍功半"的教育误区，更会让儿童对教育目标产生疑惑，甚至出现"说一套，做一套"的"两张皮"现象。可见，真正要将"教育即生活"的理念落实到保教行为中，我们还有很长一段路要走。

二是重"统一标准"、轻"个别差异"的倾向。尽管"因材施教"的基本原则业已成为保教人员的普遍共识并得以广泛应用，但在进餐环节的"因人而异"仍然难以落实。其中，有怕孩子吃不饱的顾虑，于是，经常可以看到保教人员非常爽快地给胃口大的孩子添加食物，却难以同样爽快地同意胃口小的孩子减少食物；也有对孩子自我判断的不信任，于是，总是能够看到有孩子眼泪汪汪地表示自己已经吃饱、不要再吃了，保教人员还是坚忍不拔地百般引导他（她）要把规定的饭菜吃完；更有儿保部门统一规定的带量食谱的制约，从而使得一线保教人员在"统一标准"与"个别差异"之间左右为难。

三是重"园内食育"、轻"家园合作共育"的倾向。"养成健康的生活态度和饮食习惯"是"食育"的重要目标，这一目标需要在一致性的环境中通过持续不断的实践方能逐渐养成，这就要求幼儿园和家庭保持一致的教育要求，需要保教人员与家长开展合作共育。但现实中，教师们往往花大力气把幼儿园的"食育"活动搞得风生水起，却忽视与家长进行沟通交流、统一要求，加之许多家长未能认识到"食育"的重要性，导致儿童在饮食环节中常常出现"一个小宝两个样"的情况。

针对上述问题，本课题将致力于"食育"课程建设，联合教师、保健、保育、家长等多方人员共同梳理儿童在饮食过程中出现的问题，联手探寻有效的教育方法和路径，开发并整合各种"食育"资源，合力支持儿童全面、主动发展。

三、有助于夯实基础，为国家培育具有健康生活能力的未来公民

在70多年办学过程中，我们长周期致力于"吃出健康"的实践探索，历经"吃饱""吃好""样样吃"三大阶段，形成营养配制、切配烹饪、养育指导等方面的丰富经验。但是，这些实践研究，强调保教人员的主动作为，将儿童置于被动接受的地位，较少思考与研究如何赋予儿童主动选择健康生活的意识与能力；致力于就"膳食"研"营养"，较少研究如何以食为育、引导儿童"吃出"全面发展来。本课题将以

"食"为媒介，充分利用食物资源，力求在"食育"过程中"五育"并举，促进儿童健康、全面、可持续发展。课题力求取得如下突破：

一是关注"可持续"发展，初步养成主动选择健康饮食的能力。儿童的可持续发展，是在初步认知营养知识的基础上，运用相关知识自主调整自身饮食行为、养成良好习惯的意识和能力；是在亲身经历将食物从种子到餐桌的过程之后，切实了解人与自然的关系，愿意调整自身的行为方式，学习与自然和谐相处的意识和能力；是在经过较长时间的"食育"实践之后，能够初步独立选择和开展健康生活的意识和能力。

本课题将以课程建设作为促进儿童可持续发展的重要手段，架构2—6岁儿童"食育"的梯度目标，实践探寻家园合作的具体路径与方法，研究具有操作性的儿童"食育"评价体系，着力开发并不断丰富"食育"课程资源，为各级各类幼儿园提供可借鉴的参考。

二是关注"食文化"熏陶，从小根植中华民族的归属感和自豪感。"饮食"承载着深厚广博的文化内涵，食物来源、食品种类、食具运用、餐饮礼仪等等，无不蕴含着丰富的民族文化。让儿童在品尝食物色香味的过程中，感知中华美食的精美奇妙；让儿童通过探寻特色餐点背后的民俗故事，了解中华民族的勤劳与智慧；让儿童在穿戴节庆服饰、实践餐饮礼仪、动手制作食品等的过程中，体验中华饮食文化的动人魅力；……以"食物"强大的感召力和影响力，在儿童幼小心田潜移默化地根植民族归属感和自豪感。

三是关注"关系"的探索，初步形成正确的价值观和人生观。世间万物皆因"关系"而存在。本课题将以"食物"为媒介，引导儿童关注并探寻人与自然、人与他人、人与自我之间的关系，帮助儿童逐步关注并乐于观察身处的世界，初步形成正确的价值观和人生观。具体而言，让儿童参加简单的农耕劳动，在播种、浇灌、松土、采摘等活动中，感知了解植物生长与大自然的关系，从而形成初步的生态观；让儿童在与同伴一起探索、相互服务、共同进餐等活动中，学习沟通、交流、分享等交往能力，感知与实践与他人合作共处；让儿童在自主选择食物、合理控制饮食等活动中，逐步了解自己、学习与自己和谐相处。总之，让儿童身处"关系"之中，感知并学习与人、与己、与自然和谐相处，从而初步形成正确的生活信念、行为准则、人际关系等。

第三节
核心概念分析与创新突破

为了避免出现歧义，我们对影响课题研究的关键词语、特定概念等进行了界定，以统一课题组成员的认识。由于核心概念的界定直接影响到课题的内核定位、研究的方向与思路、对研究成果的预期等重要内容，我们还专门对"食育"进行基本的价值判断，厘清其特征、功能以及对于适龄儿童可能具有的意义和作用。在此基础上，划定核心概念的界限，并给予恰当、清晰的释义。

一、基本判断

（一）"食育"是儿童身体健康的根本保障

"食育"对儿童的健康保障是基础性的。马斯洛将人类需求分为五个等级，其中"生存"是最基本的需求，而食物是维持生存的关键，围绕食物而开展的"食育"活动，对儿童的健康保障是基础性的。正因如此，世界各国不约而同地将"食育"作为保障儿童身体健康的重要手段。日本率先就"食育"问题进行立法，美国发起了全国性的"从农场到学校"运动，英国则将"食育"列入中小学课程大纲，德国多部门联合为4—18岁儿童及青少年打造体验式"食育厨房"[①]，……我国也不例外，2016 年国务院发布了《"健康中国 2030"规划纲要》，从国家层面提出"食育"问题，实施"全民健康"的国家战略。

"食育"对儿童健康的影响是全方位的。从世界各国的实践成果看，"食育"重视养护儿童健康的身体，比如美国为改善儿童营养结构而架设从农场到学校的直接通

---

① 编辑部.中国食育发展十年回望与反思［J］.中国食品工业，2022（7）.

道；"食育"重视科学营养的宣传引导，比如德国通过让儿童在菜园种植、菜场选购、厨房料理和烹饪等实践中，获取关于科学营养的感性知识；"食育"重视促使儿童养成良好的饮食习惯，比如，中国教育部明确将"引导幼儿养成良好饮食习惯"纳入《幼儿园保育教育质量评估指标》。不难看出，"食育"正在全方位呵护儿童健康成长。近年，各级各类幼儿园开始重视建设并完善"食育"课程，力求更加系统、全面地保障儿童身体健康。

"食育"对儿童健康发展的支持是可持续性的。 随着对儿童发展的认识逐渐深入，对"食育"研究逐渐指向培育"健康素养"上，即"食育"不仅关注儿童当下健康的饮食行为和饮食习惯，而且关注儿童可持续发展的对健康追求的主动意识和关键能力。比如，在日常生活中，能够适当克制对爱吃的食物贪食或对不爱吃的食物拒吃等挑食行为，主动选择健康饮食的意识和能力；能够在种植、养护农作物的过程中感知和学习与人、与己、与周围环境和谐相处的观念和做法，选择与同伴分享、对环境爱护等的行为。这种感知和体验，可能是最初浅的，但确实是最宝贵且对儿童终身发展具有意义和价值的。

总之，"食育"对儿童的健康影响是根本性的，在核心概念界定及后续研究中，需要关注儿童的必备品格和关键能力，关注儿童的可持续发展。

（二）"食育"符合儿童学习特点和发展规律

"食育"的内容丰富、浅显，可融入儿童现实生活。 "食育"，顾名思义就是围绕"食"而开展的各种教与养活动，关于"吃什么""怎么吃"的问题，其内容常见而浅显，与2—6岁儿童的认知能力和学习特点相吻合，可融入儿童现实生活开展教育引导。杜威认为，教育的本质即为生活。在日复一日的现实生活中，将"食"与"育"融为一体，让儿童在轻松愉悦的"食环境""食过程""食劳作"中，调动各种感官来认识和了解食物、丰富各种体验，来锻炼动手、语言、交往、探索等多方面能力，这种融于生活的学习，对儿童不再是负担，而是自然而然、水到渠成的快乐生长。

"食育"的形式生动、多样，可方便儿童亲身实践。 "吃"是人类赖以生存的基本能力，由"吃"而衍生的各类活动鲜活、多样，深受儿童喜欢。有围绕餐桌而开展的使用餐具、选择食品、就餐礼仪等，有围绕厨房而开展的食材辨别与清洗、餐饮垃圾分类处理、餐具洗涤与整理等，有围绕食材而开展的种植、养护、采摘，……五花八门的活动对儿童极具感召力，而且易于儿童亲身投入到具体实践中，调动各种感官进行观察、研究，在动手动脑的过程中发现问题、探究问题和解决问题。

"食育"的价值广泛、多元，可促进儿童全面发展。 "食育"是包容性极大的跨学科活动①，其教育价值广泛、多元，可有效促进儿童全面发展。在日常餐饮过程中，儿童可了解食物的营养价值，逐渐学会合理、科学地选择食物，养成健康的生活态度和饮食习惯；在小农庄、小厨房等开展的劳作活动，儿童可切身体验食物的来之不易，逐渐学会感恩和节俭，并在活动过程中逐渐学习与自然、与他人、与自我和谐相处；在共同备餐、共享美食的过程中，儿童体验到与家人、同伴交流和分享的轻松愉悦，逐渐形成归属感和健全人格；在品尝特色美食、学习进餐礼仪的过程中，儿童逐渐了解自己的家乡、伟大的祖国，从而根植民族魂、中国心。

"食育"活动浅显、整合、动态生成，迎合了2—6岁儿童的学习特点和发展规律，有效地激发起他们投入学习的内驱力。为此，在核心概念界定及后继研究中，须抓住儿童学习特点并促使其主动发展。

（三）"食育"有利于凝聚多方人员共同支持儿童发展

门槛较低，可广泛吸纳各方人员参与其中。 "食育"很多时候是在吃吃喝喝的日常生活中开展教育引导，无须高大上的教育场景，也没有必要进行繁杂的准备工作；"食育"很多内容通俗易懂，贯穿于日常生活，比如不挑食、细嚼慢咽、坐有坐相吃有吃相等等，无须高深的文化底蕴，也没有必要事先进行强化训练。"食育"的门槛较低，任何人在任何时间都可以参与进来，有利于广泛吸纳家长、社区人员等各方人员共同合作。

操作性强，可充分调动各类人员各展所长。 "食育"的操作性极强，与"食"相关的一切活动，最终都将落实到具体行动中：饮食需要行动，餐前餐后自理服务需要行动，农作物种植、采摘等需要行动，……"食育"基本可在"做中学、玩中学、生活中学"的过程中得以实现，这一特点，一方面为各种参与人员提供了广阔的空间，方便大家根

---

① 杨媚，邓秀蝶，廖嫦雯，等.中日幼儿食育研究对比与启示［J］.现代食品，2021.

据自身特点各展所长；另一方面也有利于集聚各方资源，提高"食育"的整体效应。

综合反馈，整体呈现多方教育影响的结果。 本课题的"食育"对象是适龄儿童，儿童所在家庭和幼儿园在"饮食"的观念、习惯、喜好等方面的情况最终都会反映在儿童身上；反之，儿童的行为表现，也可以折射出各方对于"饮食"所持的态度，以及"食育"的具体成效，因此，"食育"活动相关各方能否在过程中保持一致性并坚持一贯性，将直接影响到教育绩效。

可见，各方人员（尤其是家园双方）对饮食等方面的认知、行为、价值观都会一览无遗地反映在儿童身上，因此，在核心概念界定以及后续研究中，需要重视发动各方力量，开展家—园—社合作共育。

二、概念界定

基于上述基本判断，结合本课题的研究需要，对核心概念界定如下：

（一）食育

面向2—6岁儿童开展的健康饮食及与饮食相关的教与养的活动，包括为儿童提供科学的营养膳食，开展营养知识、饮食行为、餐饮文化等方面的教育，以及以"食"为媒介开展的生活自理、简单劳作、实践探索等拓展性活动。

（二）生长

既指儿童身体上的生长发育，也指儿童对于"健康饮食"的认知与发展，更指儿童在发展过程中所表现出来的积极主动的态度，以及面对困难挑战不懈探索实践的行动。

（三）健康生活

指儿童在幼儿园、家庭等不同环境的日常生活中，主动选择健康饮食的意识、能力和素养，初步养成的有益于健康生长的行为习惯，以及在探究各种食物过程中逐渐形成的与自然、与他人、与自我和谐相处的生活态度，是儿童健康体质和品质生涯的基础。

三、研究重难点与创新点

（一）研究的重点与难点

1. 重点：建构支持儿童全面发展的"食育"课程

当下，幼儿园正处在由"以食为主"逐渐转向"食""育"并重的阶段，由此，本次研究的重点将在已有"吃出健康"的"食育"基础上，充分考量和运用教师自发研究形成的离散而较为丰富的"食育"内容，力求构建"吃出全面发展"的"食育"课程。具体为：针对目前"食育"过程中的普遍问题，整体规划2—6岁儿童的"食育"目标，甄选和研发丰富生动的"食育"内容，探索实践家园合作的"食育"路径和方法，研制客观、易操作的评价工具，建成并不断完善"食育"课程[①]。

2. 难点：培养儿童"健康生活"的态度和能力

所谓"健康生活的态度和能力"，是一种主动选择健康饮食的意识和能力，是有益于健康的饮食行为和习惯，是与自然、与他人、与自我和谐相处的态度和作为，是有益于儿童终身、可持续发展的必备品格和关键能力。这样的品格和能力，是在日积月累的过程中积淀而成，需要"家—园—社"高度一致的教育大环境，尤其家园双方须及时沟通教育目标、交流实施举措、形成一致性的教育举措；同时，还需要儿童所在的家庭成员改变不利于健康生活的固有习惯，要求保教人员摒弃不利于儿童养成健康生活的养育方法。毫不夸张地说，这是一次小手牵大手的生活革命和养育革命，影响深远。

"健康生活的态度和能力"的养成不可能一蹴而就，需要长期坚持不懈的努力，这是一种跟固有的习惯、喜好、方法等的博弈，是一种排除万难的坚守，莫说是在已经形成固有习惯的家庭，即便是在作为教育机构的幼儿园也十分艰难。以餐后整理为例，成人驾轻就熟的工作，如果放手让儿童去做，很可能餐具就会掉到地上、菜汁就会洒满一地，原本可以快速完成的工作却要陪着孩子花费更多的时间。能否为了儿童的未来发展而愿意付出"陪伴蜗牛散步"的坚韧与不懈，将是对包括保教人员、家长在内的所有相关人员的巨大考验。

---

① 凤炜.轻叩未来，幼儿园生存课程再构研究［M］.上海教育出版社，2019（7）.

"健康生活的态度和能力"的养成，是一个既需要儿童心悦诚服地接纳与坚持，更需要多方协力才能突破的问题。比如，如何设计与实施个性化"食育"梯度目标和有效举措？如何有效开展医—教、保—教、家—教之间的合作共育？以上种种都没有现成答案，需要进一步研究探索。可见，培养儿童"健康生活的态度和能力"，涉及面广、持续时间长、工作难度很大。

（二）研究的创新点

1. 医教结合、保教融合、家园联合开展儿童"食育"

儿童"食育"既是教育问题，也是养育问题；既要吃得健康、合理，也要引导得法、有效；既关乎幼儿园，也关乎儿童所在的家庭、社区等。因此，家长、教师、保健员、保育员以及儿童本人等均为开展"食育"的重要成员。要确保儿童"食育"的实效性，需要医教结合、保教融合、家园联合，这是本研究的特性使然，也是本研究的创新点。

但是，如何围绕"食育"探索实践医—教、保—教、家—园有效合作，仍然存在诸多难点。其一，探寻多方认同的价值契合点，尤其是家园之间，价值取向必然存在差异，具体到日常生活中的柴米油盐、吃喝劳作等，其差异更大。何为"健康生活"？如何有节有度？需要家、教、医、保共同探讨，找到共同的价值契合点，这是实现多方合作的基础。其二，明确多方合作共建的抓手，儿童"食育"是一个整体工程，涉及家庭和幼儿园的多方成员，找到适合儿童特点，且各方共同感兴趣和容易操作的工作切入口，是推进实施儿童"食育"的关键。其三，建立多元合作的长效机制，儿童"食育"并不能靠一时兴起，只有常抓不懈方能修成正果，为此，研究建立长效机制是引领、规范和坚守多元合作的重要保障。

2. 以食为育，支持儿童主动、和谐、全面地发展

"食物"是大自然赋予人类最慷慨的馈赠，也是儿童主动探究并借此得以发展的宝藏。但是，现有文献资料提醒我们，以食为育，促进儿童全面、主动发展，仍然有许多问题需要攻克：

其一，"吃吃喝喝"是儿童最喜欢的活动，面对吃喝，儿童常常会不由自主地卷入其中。但是，如何抓住儿童这一特点，有效激励其在"吃喝"过程中开展主动

学习？

其二，"吃喝"的包容量极大，食材、食品、礼仪、劳作等都可以纳入其中，在此类活动中儿童常常乐此不疲。但是，如何调动幼儿各种感官，在多维度动手动脑的过程中实现德智体美劳全面发展？

其三，目前，我园许多课程中有"吃喝"的内容，比如，每日活动中的三餐两点、节庆课程中的传统美食、社会实践课程中的小厨房活动等，友好的"食物特性"可使"食育"活动灵活延伸至各类课程中。如何充分利用"食性"有机整合融通各类课程，引导儿童在各类活动中做中学、玩中学、生活中学，并在过程中实现知识与技能、过程与方法、情感态度价值观三维目标的整体提升？

以上问题极具挑战性，需要通过课题研究攻坚克难、加以突破，这也是本课题的创新点。

中国福利会幼儿园的儿童营养实践与研究主要分为两个阶段。第一阶段为"吃出营养"，其中，60年代，物资匮乏，保教人员精打细算，开辟了小菜园，养起鸡鸭和羊，想尽办法让孩子们吃饱；70年代，为了让孩子们吃好，保健老师开始制订每周食谱，并开展营养分析；进入90年代，物资逐渐丰富，为了让营养均衡，鼓励孩子们样样都吃，大厨们开展业务练兵，钻研烹饪技术，着力让孩子们爱上"不喜欢吃的菜"。第二阶段为"吃出全面发展"，保教人员将食育融入日常生活及社团、节庆、社会实践等活动中，在丰富多彩的活动中促进儿童全面发展。

60年代，孩子饿得直叫："好饿呀！"老师们想了个办法，带领孩子们一起种萝卜，孩子们吃着自己种出的萝卜，肚子饱饱的。

为了节省开支，厨师跑了三家菜场说："还是这里的青菜既新鲜又最便宜！"

营养分析的数据出来了，没想到鲜奶的营养价值比奶粉高，萝卜炒着吃更有营养。"宝贝们，吃炒萝卜，喝牛奶啦！"

大厨烧了萝卜，小朋友说"萝卜好难吃"。大厨想办法把萝卜的异味去掉。小朋友边吃边说："香喷喷的萝卜真好吃！"

社团活动中，孩子们讨论道："我们订个计划书，想想今年小农庄种什么呢？"经过一个学期的种植，孩子们看着萝卜说："哇，还是我们自己种出来的萝卜最棒！"

小厨房里，孩子们一起做萝卜丝饼呢！"自己种、自己做的萝卜真好吃！"

教室里，孩子们在用萝卜拓印画。"哇，没想到萝卜画出的画也这么好看！"

教室里，孩子们激动地说："老师，小农庄的萝卜摘来后，请弟弟妹妹一起来吃萝卜宴吧！"

回到家，孩子说："爸爸，您多吃胡萝卜，眼睛就会亮的。明天我到小农庄给您拔来哦！"

（策划：凤炜　撰文：李有嘉、王俊华　插图：黄文洁）

每日菜肴展示台：

1.0 版本，呈现真实的处理过的食材，吸引幼儿关注餐食。

2.0 版本，呈现食材本身的模样，激发幼儿对食材本身的认知。

3.0 版本，制作美食烹饪视频，让幼儿更直观了解食物背后的营养价值。

4.0 版本，以亲手种植、照顾、采摘为手段，全面了解食材的生长过程，萌发幼儿珍惜食物的情感。

新版本还会持续出现，小小菜肴展台成就食育大天地。

展示台上摆放处理过的食材，幼儿兴趣减弱，很快无人问津。

展示台上呈现完整食材原貌，引起幼儿共鸣和交流。

孩子们通过视频感受食材的营养、神奇的变化、烹饪的手段，萌发对大厨师的赞美之情。

教师抓住各种教育契机，带领幼儿体悟人与自然、人与社会、人与自我的关系。

（策划：董炎　撰文：宋志文、郁雯婷　插图：黄文洁）

2

儿童食育的
学术史梳理与研究动态

随着人们对健康饮食的重视及对食品安全的关注，食育在现代社会越来越受到重视。在食育研究中，有许多不同的方法可以应用。文献检索和综述可以帮助我们了解研究的进展和发现，从而为新的研究提供理论基础，发现存在的空白与不足，为未来的研究提供清晰的方向和建议。

　　通过分析国内外有关食育的相关研究学术资料及动态，可以发现幼儿园食育的价值受到国内外学者普遍认同。学者认为食育是人类生存之本，是促进幼儿德智体美劳全面发展的根基。但前人研究中缺乏食育与幼儿主动生长关系的相关内容。食育作为一种重要的不可忽视的教育手段，如何支持和推动幼儿主动生长，是一个非常值得实践探索和理论研究的新领域。

※　本章由郑敏惠撰文。

第一节
国外儿童食育的经典案例剖析

国内外有关食育对于儿童健康成长的重要性有大量探讨研究。近年来，对幼儿园食育的研究也逐渐增多，围绕食育教育内容、方法和实施效果等方面的实践与探索，为幼儿园食育的深入实践提供了重要的参考和借鉴。

在中国知网上以"食育"为主题词搜索外文文献，可检索到 782 篇文献，研究时间从 2003 至 2022 年，关键词分布以"Food education""食育""食品安全""食品营养"为主。

从全球层面看，国外在食物营养干预、食育法治化以及食育内容和形式探索等方面积累了比较丰富的经验，日本、欧美等发达国家食育（或营养教育）已基本进入普及阶段，以食育（Food education）为核心的学术研究和实践推广活动多样性、丰富性特征显著。

一、日本：食育立法，全国动员

日本是全球食育制度建设最早、最完善的国家之一。根据 2005 年 6 月日本制定

❶ **数据来源：** 文献总数：782 篇；检索条件：（主题=xls('食育') or title=xls('食育') or 题名=xls('食育')）；检索范围：外文文献。

以"食育"为主题的文献研究趋势图

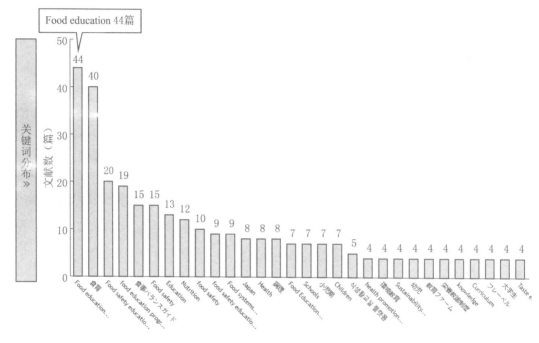

以"食育""Food education"为主题的文献研究关键词分布图

并颁布的《食育基本法》中将"食育"详细释义为，所谓食育是可以让人们习得与食物有关的知识，掌握如何选择食物的能力以及形成良好饮食习惯的饮食计划和饮食教育的总称。在《食育基本法》的前言中，首先就提到了"为了我国在二十一世纪的发展，在培养儿童健全的身心和具有宏观视野的规划能力同时，确保全体国民身心健康地发展和一生都能健康地生活是相当重要的。为了培育孩子形成丰富的韧性以及拥有生存的能力，'食'是最重要的"。[①] 日本从幼儿园到大学都开设与食育有关的课程，幼儿园一般都设有菜园、饲育场供幼儿食育实践。

　　日本在不同的场所，从不同的方面，针对不同的人群采用不同的方法，从宏观—中观—微观的角度进行食育实践。从政府角度：政府带头引领，颁布并实施相关法律，政府引导，法律保障。从社会角度：加强食物生产者与消费者之间的交流，促使青年人了解食物生产的乐趣，增加第一产业的就业人口，积极鼓励各年龄段的居民参加农业生产体验，增强青年人在食物以及传统饮食文化方面的情感交流。从社会组织

---

① 白宇. 日本幼儿食育研究［D］. 大连：辽宁师范大学，2015：4.

角度，发挥社会团体组织的作用，开展多种形式的食育活动。在学校：日本学校形成了体系化的课程结构，把食育的内容和方法纳入校本课程。在家庭：重视家校合作家庭的饮食文化对中小学生具有潜移默化的影响，通过食育可改善家庭关系。全社会各阶层对食育的高度重视是食育理念与实践在日本取得长足发展的根本原因。从简简单单的日常饮食入手，逐渐发展成为一门影响世界的饮食科学和饮食文化。①

二、美国："从农场到学校"运动

美国通过推行"可食校园计划"（1995年）项目在全美开展食育工作。该计划20多年来致力于在全美示范与推广可食教育（Edible Education），旨在建立和分享一套从学前班到高中都可以适用的全国性食育课程，将菜园和厨房视为可以和所有学科互动的"教室"，并且为每一位学生提供免费的、营养丰富的有机午餐。②

此外在《2000年目标——教育法案》中制定了"到2000年，所有在校学生都将接受健康营养教育"的营养教育目标。《营养教育法》规定学生每学年必须接受50小时的营养教育。个性化的食育课程已成为学校课程的一部分，学校号召教师和学生围绕食育课程目标共同讨论食育实践内容和形式，并提供学校园艺、农场参观、烹饪课等基本实践活动，定期组织学生参与"从农场到学校"运动。③

三、英国：校园菜园计划

英国《国家课程法案》强制要求所有学校开设健康教育课程，同时将国家课程分为四个阶段并规定公立学校面向5~14岁在校学生开设烹饪和营养健康教育课程。英国面向学校推行校园菜园计划，是英国食育计划的载体。通过开辟学校菜园为学生提供种植、收获和烹饪食物的空间，同时鼓励学校开发或定制适宜的烹饪教材以指导学生烹饪并掌握基本的烹饪知识。"校园菜园计划"认为孩子亲自参与全过程后，会提高孩子选择健康食物的能力，也会在一定程度上改善孩子们偏食挑食的状况，有利于

---

①② 唐洪涛，刘锐，等.国内外食育实践发展现状［J］.中国食物与营养.2020，26（1）：5—8.
③ 周珍，夏克坚.中外食育对比分析［J］.南昌师范学院学报（社会科学）.2020（10）：137—140.

孩子的健康。[1]

英国还制定了食品"红绿灯"三色食品标签，通过食品包装正面向消费者展示所含的脂肪、饱和脂肪、糖和盐含量的高中低水平。红色意味着食品中含有不利于保持身体健康的成分，要严格控制摄入量，如高油、高盐食品；黄色代表某种成分既不高也不低，如鸡蛋、肉、奶酪等；绿色表示某种成分在食品中的含量很低，有益健康，瓜果蔬菜等属于绿色食物。[2]

四、法国：在餐桌上进行全方位教育

法国人尊重美食，希望孩子也可以从小懂得欣赏每一道食物。在法国人眼中，食物不是诱饵，不是奖赏，也不是纪律的替代品。让孩子形成良好、健康的饮食习惯，只是法国食育文化中的一方面，他们甚至认为孩子对食物的认知和对美食的理解，可以影响到他们的气质、审美，甚至一生的能力。每年十月法国都会开展赏味周，明星主厨、烘焙师、肉贩、奶酪制造商、菜农都会进入校园，向学生介绍食物的生产过程，并一起烹饪食物和享用食物。[3]

五、德国：公共厨房

德国的食育课程注重孩子的亲身体验与动手能力，拉近孩子与食物之间的距离，让孩子们建立与食物的情感联系，以推进健康饮食。"公共厨房"项目是德国政府推进食育项目的载体，学生们在任课老师的带领下去菜市场、超市里认识食物、获得感性认知，而后学生和老师一起在厨房做菜，学习不同的饮食知识。学校专门开辟公共菜地让学生参与劳作，在农学专家和菜农的指导下体验和学习种菜技术。[4]

综上，在一些发达国家，"食育"已成为儿童教育的重要内容和手段，并以法案的形式予以固定并推广。国外食育实践内容较丰富多样，食育不仅仅是为了促进儿童健康生活，也是促进儿童身心全面发展的重要载体。

---

① 侯鹏，王灵恩，等.国内外食育研究的理论与实践［J］.资源科学.2018，40（12）：2369—2381.
②④ 唐洪涛，刘锐，等.国内外食育实践发展现状［J］.中国食物与营养，2020，26（1）：5—8.
③ 周珍，夏克坚.中外食育对比分析［J］.南昌师范学院学报.2020，41（5）：137—140.

美食主播诞生记

老师和小朋友们在幼儿园里一起制作了水果沙拉，也鼓励小朋友们回家后自己再动手给家人做，一起分享。

回家后，平时"衣来伸手、饭来张口"的 Pizza 开始准备制作自己的水果沙拉，她主动和妈妈一起去超市里购买了许多心仪的蔬菜水果作为原材料。Pizza 的美食小主播活动开始啦！她先向大家介绍材料，种类非常丰富，有绿叶菜、黄瓜、胡萝卜、西红柿、苹果、香蕉、橙子，还有配料沙拉酱。接着是自己洗菜和水果，把它们放在水龙头下冲洗干净放在一边，然后小心翼翼地切水果，切好后，她把蔬菜和水果混合在一起，倒入一些沙拉酱，拿勺子搅拌一下。一盘美味的蔬菜水果沙拉就制作完成啦。在制作间隙时，她还向小朋友们提问："有谁知道生菜有什么营养呢？""生菜有大量的水分和纤维，疫情期间我们不能经常出去运动，多吃生菜可以帮助我们肠胃蠕动。"说着便舀起一大片生菜送进嘴里。吃完后，Pizza 主动清洁盘子、叉子等餐具。

（案例撰文：汤洁楠）

幼儿主动清洗蔬菜

幼儿向大家介绍自制的蔬菜沙拉

第二节
国内儿童食育的相关研究分析

与国外相比，中国食育研究仍处于初级发展阶段。在中国知网以"食育"主题词检索可获得相关中文文献 1015 篇。以"幼儿园""食育"为主题词进行高级检索，有394 条结果。

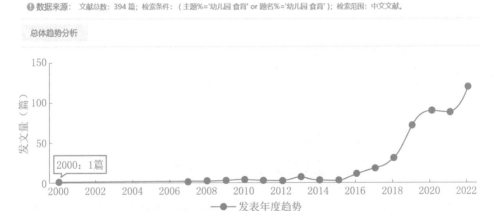

以"幼儿园"和"食育"为主题高级检索的文献研究趋势图

一、有关幼儿园食育的研究

从上图可以看出，国内有关幼儿园食育的研究在 2016 年之后逐年呈现研究热度，特别是 2019 年国家将"食育"纳入两会主要议题后，食育成为健康中国的教育之首。但当前幼儿园食育研究总体数量少，范围窄，仍有许多问题有待探究。

（一）幼儿园食育内涵价值的研究

宁本涛（2020）提出，通过食物、饮食相关教育过程进行德智体美劳等方面的融合与融通教育，形成以食树德、以食启智、以食健体、以食立美的核心育人理念，并

制订能够具体落实的"食育"行动计划，从而引导学生从力所能及的"食育"小事做起，积极发扬我国优秀的"食育"精神和"食育"文化，以逐渐达成对"以食带全"的"食育"制度的心理认同、文化认同和教育认同。[①]

李娅等（2021）认为，幼儿园开展食育有利于改善幼儿的营养状况，有利于培养幼儿良好的饮食行为习惯，有利于幼儿园发展，也有利于幼儿的健康成长。

王颖嫣（2022）认为，以食物为基点开展教育具有多重价值向度，它以契合幼儿生命发展规律的方式滋养着幼儿的健全发展。不仅可以拓展幼儿的认知，培养幼儿的生活习惯与礼仪，发展幼儿的思想与情感，而且可以传承优秀民族文化。[②]

显而易见，国内研究者们对于幼儿园开展食育活动的价值和意义具有较高的认同度。同时，大多数研究者对食育价值的认同与理解都建立在国外研究的基础之上，具有比较强的食育课程愿景。

（二）幼儿园食育活动内容的研究

大量查阅国内相关文献并做相应梳理后，发现国内学者对于幼儿食育内涵概念的界定大同小异，但是食育内容却各有特色。见表 2-1。

表 2-1　"食育"概念及活动内容的研究梳理

研究者	"食育"的概念	"食育"的内容
李里特 2006	食育就是良好饮食习惯的培养教育，使每个人通过愉快、简单的教育，把健康科学的饮食方式变成自己终生的嗜好习惯。	生命与营养科学知识的普及和教育、良好饮食习惯的灌输培养、人与自然环境和谐的教育、传统食文化的弘扬。
宋晓婷 2013	食育就是饮食教育，应该是幼儿园教育和家庭教育的重要课程。	培养幼儿健康的饮食习惯、丰富心灵体验、营造关爱环境、弘扬食文化等手段，应对食品方面的种种危机，保障儿童身体健康和弘扬我国传统膳食文化的作用。
纪巍 2016	食育不同于营养教育或健康教育，是指从幼儿期起便对受教育者给予食品及相关知识的教育，并将这种饮食教育延伸到艺术想象力和人生观的培养。	包括营养知识教育和良好饮食习惯的培养，价值观及能力教育，借助食物从农田到餐桌的过程进行德智体美劳等全方位教育。
张秋萍 2018	食育是指以食物为载体或中介的教育形态，具有促进幼儿身体健康、健全幼儿人格发展和传承优秀文化等教育功能。	从"食知、食操、食趣、食礼"四个目标维度出发，设计了食物、农耕、自然、身体和厨房五个方面的内容，让幼儿既了解食物本身，又了解与食物相关的知识。

① 宁本涛，邱燕楠.后疫情时代改进"食育"制度的思考［J］.北京教育学院学报.2020（4）：15—20.
② 王颖嫣.幼儿园食育课程的价值与建构［J］.学前教育研究.2022（2）：91—94.

（续表）

研究者	"食育"的概念	"食育"的内容
周念丽 2019	食育乃指饮食教育或食品教育。旨在通过幼儿园日常活动以及家园互动，使接受食育的儿童获得有关"食"的知识和选择"食"的能力，培育有关"食"的思维方式，以实现健全的饮食生活。	渗透五大领域的食育（以大自然教育为特色，将食育与生命教育和感恩教育有机结合起来，并渗透在健康、社会、语言、科学及艺术领域）、24节气中的食育、舌尖上的中国之食育。
卢岩 2020	食育即饮食和食物教育，以及通过饮食和食物开展其他方面的教育。	食育课程包含三个维度：饮食行为（餐前准备、餐中自理、餐后整理、进餐礼仪、惜食感恩）、食物科学（食物认知、食物栽种、食物制作）、饮食文化（传统饮食文化、地方饮食文化、外国饮食文化）。
王颖嫣 2022	食育是以食物为核心和基础而开展的各项教育活动。	食物的本体知识、食物及其制作和使用方法的认知、食物的知识链条、饮食文化。

可以看到，不同研究者对于食育活动内容的研究维度不尽相同。但总体说，都关注了健康饮食、制作食物、珍惜感恩、饮食文化等方面，内容比较广泛。

（三）幼儿园食育实施途径与方法的研究

蔡骊娆（2011）介绍了广西卫生厅幼儿园通过建立全园自助餐会、班级自助餐、亲子食育课，形成食育教案并发展为园本课程。[①] 张秋萍（2018）研究提出食育课程可以通过常态化食育活动、食育环境创设、幼儿自我健康管理和家园合作四种途径来实施。其中常态化食育课程包含食育主题活动、食育工坊活动、节气与食物、帮厨等形式。[②] 家园食育互动包含家庭食育、家长食育课堂、家长食育讲师和食谱播报。周念丽（2019）从"渗透五大领域的食育""24节气中的食育""舌尖上的中国之食育"三大部分着手，通过幼儿园一日活动以及家庭中的亲子活动来实施食育教育。卢岩（2020）从饮食行为、食物科学、饮食文化三个维度出发，从班级主题活动、专项分组活动和生活活动三个方面开展食育活动。王颖嫣（2022）提出，创立幼儿园食育基地，开展食育教学活动；构筑食育讲堂与工坊，引导家长参与幼儿园食育活动；挖掘社会食育资源，拓展幼儿园食育活动空间，从幼儿园、家庭、社会三个层面构建完整

① 白宇．日本幼儿食育研究［D］.大连：辽宁师范大学，2015：2—8.
② 张秋萍．幼儿园食育课程的建构与实施［J］.学前教育研究.2018（8）：70—72.

的内容体系。①

　　可见，幼儿园食育实施路径的研究是实践研究者积极探索的内容，其中园内路径的研究较为丰富，一般会将食育与主题活动、日常生活相结合，并积极探索幼儿参与食育活动的场地。家庭食育也备受关注，但具体实施路径停留在家长培训讲座、食育课堂层面。而社会食育资源的充分运用相对缺乏丰富经验。

二、有关幼儿主动生长的研究

　　在中国知网上以"主动生长"为主题进行检索，仅可获得84篇文献，其中学前教育仅占4.35%的研究量，更多有关"主动生长"的研究集中在医学、计算机、妇产科学、农业工程、生物学等学科领域。以主题词"幼儿"和"主动生长"进行高级检索，仅有4篇文献，均为杂志类期刊，没有相关学术期刊、学位论文或图书。再以主题"幼儿"和"自主生长"进行相似检索，可以获得9篇期刊类文献，且多以游戏领域研究为主。

　　围绕幼儿主动生长或自主生长的相关文献显示，绝大部分研究来源于幼儿园一线以案例为主的、以游戏和生活为场景的叙事性期刊文章。"幼儿主动生长"的研究角度，并没有进入高校硕士生、博士生的研究视线，缺乏相关高质量的学术研究论文。

三、有关食育与幼儿主动生长关系的研究

　　在中国知网上以"食育"和"主动生长"（或"自主生长"）为主题或关键词进行检索，未检索到任何数据。如果以"幼儿""食育""生长"为主题进行高级组合检索，可以获得12篇文献，但这些文献研究的"生长"是食育背景下，幼儿身体的生长或食物的生长，并没有涉及幼儿核心素养生长的相关研究。

---

　　①　王颖嫣. 幼儿园食育课程的价值与建构［J］. 学前教育研究. 2022（2）：91—94.

📝 做月饼

马上就是中秋啦！我们中国人都要吃月饼。

"哇，我知道这个，这个叫模具，每一个模具上的花纹都不一样，表示着不一样的祝福，把面团扣在里面就可以像印章一样印出漂亮花纹！"小厨房里，彤彤兴奋地指着月饼模具："我想做一个花朵图案的月饼，吃了月饼越来越漂亮。"闻闻说："我想做一个上面画字的月饼，我认识这上面的字'吉祥如意'，吃了会有好运气！"彤彤说着把自己手里的面团按了进去。小面团软乎乎的，就像是橡皮泥一样印在模具上面。但是当取出月饼时，彤彤犯了难。彤彤皱着眉说道："这个月饼我拿不出来，它粘在模具上面了。"

"我来帮你！"几个小朋友把模具倒扣在桌子上，敲来敲去，晃来晃去，好不容易才把月饼取了出来，但是现在小月饼上一点花纹都没有了，还有一些面团继续粘在模具上。闻闻说："我在家里看过妈妈怎么做月饼，她把面粉撒在了模具上面，这样就不会黏住了。"闻闻往模具里撒了一些面粉，再把面团放进去按压，把模具翻转过来，"啪"地一下，一个完整的月饼就倒了出来。"哇，我终于成功了！"闻闻的成功获得了小伙伴们的掌声，大家也纷纷学着闻闻的样子尝试新方法。

（案例撰文：田梦雪）

如何取出卡在模具里的月饼

第三节
儿童食育研究述评

一、国内外"食育"主要特征及不同

（一）健康观念方面

国内食育以提升营养健康水平为主，强调食物的营养价值以及对健康的重要性；而国外食育以餐桌文化视角着眼，认为营养饮食习惯具有社会性和情感性，更多的是从社交交流和文化传承的角度出发，将健康的观念延伸至全社会。

（二）教育模式方面

国内食育以"教"为主，由家长或者食育老师直接教育学生；而在国外，食育更注重"学"，利用实践性应用性活动，通过体验和参与去学习，掌握健康饮食的技能和知识。

（三）教育理念方面

国内食育主要强调营养的重要性，让孩子吃健康营养的食物；而在国外，食育则更注重调整习惯，力求建立尊重食物、尊重自身健康的饮食观念。

二、国内外食育研究的主要经验

第一，国外以日本、美国等发达国家为例，"食育"成为儿童教育的重要内容和手段，并以法案的形式予以固定并推广。且国外食育实践内容较丰富多样，食育实施途径比较多元，形成了学校—家庭—社区—企业共同参与的比较完整的体系。

第二，日本的食育研究源远流长，关于幼儿食育的活动内容、实施路径、教育策略积累了大量丰富、细致且有创意的实践经验，值得我国幼儿园在开展食育过程中借鉴和交流，并积极探索具有中国特色的食育经验。

第三，国内部分学者和实践研究者结合国外经验，做了一些有益的探索，特别是与中国传统文化相结合的食育内容实践。如河南实验幼儿园张秋萍、宁波王颖嫣、华东师大周念丽等，提出了食育的内容、实施途径、操作策略，为国内幼儿食育研究提供了一些经验做法。

三、国内目前形成的"食育"的主要观点、渠道、方法

（一）主要观点
通过食育促进孩子健康成长，形成良好的饮食习惯，树立尊重食物以及尊重自身健康的饮食观念，培养全面发展的健康体魄。

（二）渠道
家庭教育和幼儿园教育两者结合。家庭教育是通过家长和孩子之间的日常互动来营造温馨、和谐的家庭气氛，融入食育的思想；而幼儿园食育则要求保教老师具备很高的专业知识，为孩子们提供安全、有营养又美味的食物，指导他们正确的饮食习惯。

（三）方法
人文教育与科学教育相结合。人文教育注重让幼儿树立良好的饮食文化观念，增强自身的饮食素养，以及拓展幼儿对食物文化的认知水平；而科学教育则从专业化的角度，帮助孩子们正确认识食物、获得营养与健康知识等。

四、国内家园食育实践存在的不足
第一，由于社会食育素养低，一部分家长存在不按时喂养、不定期饮食均衡等行为。

第二，由于食育教育的广度和深度尚不够，对家庭教育的支撑不够，国内还有许多孩子没有机会参与到食育活动中。

第三，在幼儿园的环境呈现中，由于教育资源的不均衡，有的幼儿没有机会参与到科学和有趣的食育活动中。

五、国内食育研究存在的不足

国内幼儿园食育工作总体尚处于初级探索阶段，食育研究尚不健全。

第一，从研究时间来看，李里特（2006）第一次在国内正式提出食育距今不足20年，国内对食育的研究时间相对比较短，实践深入程度不足。

第二，从教育对象看，国内食育研究多集中于幼儿教育，并未形成完整的学校—家庭—社会—企业食育合作系统。

第三，从研究内容来看，研究者多从教师视角出发，较多集中于食育课程建构设计，在借鉴他国成功经验的基础上，对食育活动内容、途径做了一些探索，但是从儿童视角出发，研究幼儿怎么学，学得怎么样，即食育活动的实效性方面研究成果不多见。

六、国内外有关食育行动研究的评述

近年来，国内外的食育实践和研究呈现出一种行动研究的趋势，既重视实践的过程和结果，又注重理论的探讨和反思。从行动研究的角度，综述国内外的食育实践和研究，有以下特点：

（一）国外食育行动研究的特点

第一，重视实践性和参与性。国外的食育行动研究通常强调学生参与到实际的食育活动中，比如种植、烹饪、品尝等，通过实践来培养学生的食品意识和相关技能。

第二，鼓励跨学科和综合性学习。食育行动研究通常会将食品相关的知识和技能与其他学科进行整合，比如语言、数学、科学等，以促进学生的综合性学习。

第三，强调社区参与和合作。食育行动研究通常会与社区、家庭、农民等合作，共同推进食育活动，以加强学生对食品文化和社会责任的认知。

（二）国内食育行动研究的特点

第一，注重传统文化和地方特色。国内的食育行动研究通常会将传统文化和地方特色融入食育活动，以增强学生对本土文化的认知和理解。

第二，面临营养不良和健康问题的挑战。国内的食育行动研究通常会面临学生营养不良和健康问题的挑战，因此需要更加注重学生的营养和健康教育。

第三，与课程改革和素质教育的融合。国内的食育行动研究通常会与课程改革和素质教育相融合，以促进学生的综合素质提高和全面发展。

综上所述，国内外的幼儿园阶段食育实践和研究主要是从实践和理论两个方面推进的，既注重实践的效果和方法，又注重理论的探讨和反思。未来，还需要进一步深入研究幼儿园阶段食育的有效方法和影响因素，为幼儿园食育的实践和发展提供更加科学的支持。

七、本研究的创新点

幼儿园食育的价值受到国内外学者普遍认同，认为食育是人类生存之本，是促进幼儿德智体美劳全面发展的根基。但是，已有文献缺乏食育与幼儿主动生长关系的相关研究。站在儿童立场上，食育作为一种重要且不可忽视的教育手段，如何支持和推动幼儿主动生长？即食育与幼儿主动生长之间的关系，以及食育评价助推幼儿发展的研究，无疑是一个非常值得实践探索和理论研究的新方向。

好喝的"宝贝水"

"秋日派对"的集市上小汤圆和湉湉逛累了，来到品尝区休息。品尝区的老师推荐她们尝一尝"秋日特饮"。于是两个好朋友拿着纸杯小声讨论："要喝哪一种呢？"犹豫了一会儿，她们各接了一杯进行品尝，湉湉发现了特饮上的小图片，她指着图片跟小汤圆说："原来秋日特饮是用秋天特有的果实制作的呢！一个酸酸甜甜的苹果味里面有苹果，一个酸甜味中有点苦苦的里面是梨和山楂。""我喜欢这个！"小汤圆指着苹果和"小小的、黑色的"水果一起做的饮品。"我也喜欢这个，有苹果香香的味道，但是'小小的、黑黑的'水果是什么呢？"湉湉和小汤圆互相看了看，都摇了摇头。她们问了集市上的老师，老师告诉她们这是荸荠，也叫马蹄，是秋天特有的食物，它生长在水里，所以具有清热化痰的作用，秋天干燥的天气和温差让我们时常咳嗽，用这个宝贝和苹果煮水就可以帮助我们缓解因喉咙干痒引起的不舒服。"我阿婆这几天一直咳嗽，我想带给她喝。"小汤圆笑眯眯地说。"幼儿园里的是给小朋友喝的，回家你也可以做给阿婆喝呀！"湉湉建议道。小汤圆开心地一下子抱住好朋友："好主意！谢谢湉湉！"

　　回到家后，小汤圆带着妈妈在菜场里逛了好几圈终于买到了荸荠，带回家和苹果一起洗干净煮成了好喝的"宝贝水"，送给阿婆喝，阿婆开心极了，咳嗽也好多啦！

（案例撰文：盛祥）

酸酸甜甜的"宝贝"水

你喜欢喝哪一种"宝贝"水

中幼福娃旅食记

世界各地的朋友们是怎么研究食物的？中幼福娃来到日本、美国、英国、德国、法国，看到不同国家各有特色，有的强调食育立法，有的注重劳动实践，有的专注于礼仪教育，让福娃大开眼界。回到中国福利会幼儿园，福娃被一股香味吸引，原来中幼的孩子们在桂花树下赏花、拾花，他们把桂花带回教室研究讨论，最后和家人一起制作各种桂花食品。经历了一圈旅食记，福娃发现各国的食育研究都有亮点，而中幼的食育满足了小朋友的自主生长需求。

世界各地的小朋友是怎么研究食物的呀？中幼的福娃开启一场环球旅食记。

福娃降落到日本，看见日本通过食育立法，全国动员，让全社会共同参与食育的实践。

福娃来到美国，看到美国推行"从农场到学校"行动，小朋友到农场参与劳动，劳动果实成为学校的午餐。

　　旅行到英国，福娃发现英国开展"校园菜园计划"，小朋友把菜园里采摘的蔬果送到小厨房进行烹饪，并品尝自己的劳动成果。

　　德国孩子在大厨师的带领下去菜市场探秘，孩子们围着蔬菜在讨论营养价值。

　　法国的孩子在老师的示范引导下学习用餐礼仪，文明用餐的好习惯从小培养。

　　福娃回到中国，被一股香味吸引。中幼的孩子们围着桂花树观赏、闻味，思考桂花可以制作成什么食物。孩子们和老师一起讨论研究，回到家后，家长带着孩子一起制作桂花糕、桂花蜜、桂花糖藕、桂花小圆子……

（策划：郑敏惠　撰文：何相颖、谈莲斌　插图：黄文洁）

团圆饭

年夜饭是中国人过年的传统习俗。快过年了，老师决定让孩子们在幼儿园也能享受到美味又热闹的"团圆饭"。孩子们纷纷提出自己的菜单，可是到底应该选哪个？孩子们决定采访保健老师和家里的爷爷奶奶，听听他们的意见。大人们给出了很多"听不懂"的特别的菜名，说这才应该是"团圆饭菜单"！这可激起了孩子们的好奇心，探店亲身体验、上网搜集信息，大家用心去了解每道菜背后的故事和传统文化。这次团圆饭变得更加有味道、有意义、有价值！

老师们打算为孩子们举办一次团圆饭活动，菜单就由孩子们自己决定。

孩子们的菜单太"丰盛"了！到底听谁的？听听医生老师和爷爷奶奶的吧。

大人们的菜单看不懂?"年年有余"是什么菜?探店、上网,大家一起了解菜名背后的故事。

终于迎来了这桌期待已久的团圆饭大餐。孩子们互相介绍、品尝佳肴,吃也要吃出价值来!

(策划:许石慧　撰文:薛哲明、郁雯婷　插图:黄文洁)

3

儿童食育的
研究内容与技术路线

"食育"旨在让儿童获得关于"食"的粗浅知识，引导儿童逐渐养成健康饮食的行为与习惯，进而形成与人、与己、与周围环境和谐共处的态度和能力，这需要幼儿园、家庭乃至社区等各方齐心协力，需要教师、保健员、保育员乃至家长等一切相关人员合作共育。为此，我们制订本研究方案，力求通过行动研究、实证研究等，深入探究"以食为育"的具体路径和方法，合力支持儿童主动、和谐、全面地发展。

　※　本章由凤炜撰文。

第一节
确立聚焦儿童健康素养的研究目标

在深入研究文献资料并结合本园初步实践的基础上，明确以"培育儿童健康素养"为研究方向和最终目标，针对现实情况和真实问题进行反复研判，形成以多主体、多场域、多举措发力为特征的研究路径。通过反复推敲课题意义和研究价值，确立了以下研究目标：

1. 建成支持2—6岁儿童主动生长的园本化"食育"课程，妥善处理"食育"课程与幼儿园基础课程以及"节庆""社团""社会实践"等特色课程之间的关系，使各课程既相对独立，又相辅相成，共同组成幼儿园"生存"课程体系。

2. 建设"健康生活"的大环境，搭建"家—园—社"合作共育的场域，建立医教结合、保教融合、家园联合的长效机制。

3. 以培育儿童"健康素养"为目标，形成支持儿童"健康生活"的有效策略，助力儿童逐渐形成主动选择健康饮食的意识和能力，养成健康的生活态度和良好的饮食习惯，学习与自然、与他人、与自我和谐相处，为儿童的健康体质和品质生涯打下良好基础。

 ## 多措并举改善幼儿的挑食行为
——以不爱吃鱼的问问为例

挑食一般表现为拒吃某种食物，挑吃自己喜欢的饭菜，不愿尝试新的食物和对食物缺乏兴趣等。挑食是儿童保健门诊常见的饮食行为问题，也是婴幼儿喂养困难和营养素缺乏的主要原因[1]。《中国学龄儿童膳食指南（2016）》的核心推荐之一就是"不

偏食节食，不暴饮暴食，保持适宜体重增长"[2]，旨在帮助成人及学龄儿童意识到均衡进食的重要性。3—6 岁的幼儿正处于行为习惯形成的关键期，也处于养成良好饮食习惯的关键期。因此，成人一定要在幼儿时期及时引导幼儿改善挑食行为，培养他们健康的饮食态度和饮食习惯，这对幼儿的身心健康至关重要。

一、研究对象

中班的问问喜欢吃面食，喜欢吃西餐，喜欢吃肉，一旦遇到他喜欢吃的食物，他就会吃得很开心。但是同时，问问对鱼肉表现得非常抗拒，一旦听说中午会吃鱼，早上来园时心情就跌入谷底。

每次吃鱼的午饭时间，成了问问最难熬的时刻，他会很慢很慢地咀嚼平时吃得很香的饭菜，只想通过拖延的方式晚一点吃到自己不爱吃的鱼。

二、挑食原因分析

问问挑食的原因可以分为食物自身特点、家庭环境和幼儿身心发展特点等。

自两岁起，食物散发的气味、形状、颜色等都会给幼儿留下深刻印象，这时他们已经具备了初步的判断能力[3]。在自由活动的时候，我与问问闲聊，询问他不爱吃鱼的原因，问问说："我不喜欢鱼的味道。"可以看出，问问比较抗拒鱼腥味，这是生理性挑食原因。

家庭环境也是幼儿形成挑食问题的原因之一。家里有成人抗拒腥味，幼儿也很容易受到成人的影响。经过了解我发现，不论是在家做饭还是外出吃饭，家长几乎不让问问接触到鱼类的食品，而当问问提出不想吃鱼的时候，家长也会选择顺从。长此以往，这样的纵容潜移默化促成了问问挑食的习惯。同时，成人对食物的评价也是幼儿出现挑食行为的间接因素[4]。谈到这个问题，问问的妈妈说："我们偶尔吃鱼的时候，可能会说起这个鱼有点腥，估计被问问听进去了。"

幼儿自身方面，幼儿的身心特点如年龄特点、睡眠状况、运动量、进餐情绪等，会促成幼儿的挑食行为[5]。问问不太喜欢运动，每次户外运动时，总是运动了几分钟就坐下休息了；幼儿情绪低沉容易导致唾液和胃液分泌减少，更容易对某些食物产生挑剔，问问在心理上对鱼肉有抵触情绪，提前知道中午吃鱼更易导致他用餐情绪低沉，进而对食物更加挑剔，产生恶性循环。

三、支持策略

（一）激发幼儿自我动能

自主进餐、不挑食、不偏食是建立在幼儿主观意愿的基础上的，只有发挥主观能动性，才能激发和保持个体动机。

1. 让问问了解鱼肉的营养，知道吃鱼的好处

通过请班内"小主播"介绍当日菜谱和各种各样食物的营养价值，幼儿一边听一边认识各种蔬菜，同时对午餐充满期待。这样的形式能唤起幼儿的食欲，让幼儿在潜移默化中得到自我教育。在"小主播"活动中，问问知道吃了鱼肉会变聪明、眼睛会变亮、身体也会变得更强壮，他说："好吧，那我要吃一点鱼了。"

通过集体讲述《挑食的弗雷达》《肚子里有个火车站》等绘本故事，幼儿深刻认识到了挑食会产生的严重后果，明白了不能挑食、样样食物都要吃的道理。问问自主阅读绘本《捉鱼去》《揭秘营养金字塔》后，对鱼肉的营养价值有了更深入的了解，感受到了和鱼"做游戏"的乐趣，和鱼更亲近了一些。

实践活动"好吃的色拉"通过营养讲座、谈话活动、制作色拉让幼儿深入了解不同食物的不同营养，认识营养均衡的重要性，知道样样都要吃，懂得不能挑食、不能偏食的道理。同时，这次活动对于幼儿来说不仅仅是认知目标上的达成，更是对于幼儿目前现有问题——挑食和偏食的引导和教育，活动所富含的健康生活理念和其具有的价值是陪伴孩子终身的。在"好吃的色拉"制作色拉的环节，问问为自己的色拉添加了一勺鱼肉，他说："我的色拉要什么营养都有，所以也要加一点点鱼肉。"

2. 激发问问对鱼的喜爱之情

在幼儿园的长廊上有一座非常漂亮的鱼缸，每次经过长廊，问问都会趴在鱼缸边上驻足观看。通过这一现象，我发现问问在这一刻对鱼缸里的小鱼产生了比较强烈的兴趣，于是抓住这一教育契机，和问问一起对小鱼展开了深入的研究。比如说，鱼有哪些种类？鱼有什么花纹？什么样的鱼是生活在河里的，什么样的鱼是生活在海洋里的？我们要怎么样才能把鱼养活呢？鱼有哪些烧法呢，怎么烧会很好吃呢？基于问问对游动活鱼的兴趣，去改善问问对鱼肉的挑食行为，这样的方法也是非常有效的。

丰富的课程活动是引导幼儿直接、整体体验社会生活的鲜活材料。小厨房课程组

织幼儿认识食物、体验烹制食物的过程，不但让幼儿了解厨师的辛苦，还增强了孩子对食物的兴趣和欲望。一年一度的美食节课程可以让孩子们了解美食背后的故事，初步形成收集、整理信息的意识。所谓"知己知彼，百战不殆"，在对鱼进行深入了解后，问问对鱼不再恐惧，对鱼逐渐从排斥转变为接纳。

在角色游戏环节，问问积极主动开设钓鱼店，成为钓鱼店老板，说明在教师的不断支持下，问问对鱼已经不再排斥。

3. 初步建立不浪费粮食的传统美德

不浪费粮食是中华民族的优良传统美德，教师可以通过各种活动让幼儿知道粮食、蔬菜和鱼、肉、禽都是农民伯伯辛勤劳动的成果，浪费是可耻的，我们要把所有的饭菜全部吃完，要身体力行践行光盘行动。在"爱惜粮食"这样的认知驱使下，即使遇到餐盘里有鱼肉的情况，问问也会说："我要把饭全吃完，不能浪费！"

4. 保证充足的户外活动时间和体能消耗

强壮的体魄与良好的饮食是相辅相成的，健康的身体素质是幼儿正常进餐的前提，科学合理、生动有趣的运动能有效增加幼儿的食欲。基于此，教师首先要做的就是保证幼儿有充足的户外活动时间，同时，也可以通过请幼儿帮忙搬桌子等餐前准备活动来增加幼儿的体能消耗。适量的运动可以提高幼儿的食欲，更好地促进肠胃功能，完成消化。

5. 营造良好的用餐环境

幼儿进餐是幼儿一日活动中的重要环节，创设温馨、舒适、安全的进餐环境可以更好地促进幼儿心理的健康发展，更可以推动幼儿产生对用餐的"兴趣"和"欲望"。教师可以通过铺设台布、放置鲜花、播放轻音乐等措施，让幼儿心理得以放松，进而激发幼儿自主进食的意愿。

（二）及时进行鼓励与引导

1. 对问问及时给予鼓励和肯定

随着幼儿自主意识的萌发，基于好奇、好动等因素，学前儿童对于进餐的态度大多都是积极主动的。这时候，来自成人的鼓励和肯定就变得尤为重要。教师要帮助幼儿体验克服挑食问题后的成功感和自尊感。比如在问问成功吃完鱼肉之后，教师可以在班级的其他孩子面前及时进行口头表扬，或是采取送出光盘小达人称号、中幼币等方式进行鼓励，让问问及时看到自己的进步，体验克服困难后的喜悦和自信。

2. 进行替代性强化，鼓励问问学习榜样

教师在安排座位的时候，可以有意识地将挑食的幼儿安排在不挑食的幼儿身边，鼓励他们学习榜样。当教师表扬了那些不挑食、用餐习惯良好的幼儿，就是对挑食的幼儿进行了替代性强化。可以很明显地看出，当老师表扬其他幼儿的时候，问问就会尝试吃不喜欢吃的鱼肉。

3. 基于问问的性格特点，鼓励问问多做餐前准备和餐后整理，在餐桌上进行自我与他人服务

《上海市幼儿园办园质量评价指南》中提到：幼儿的发展是连续的，既有共性特点，又有个性特征。每位幼儿都有自己的个性特点，问问是一个特别阳光外向的孩子，也是我们班最高大的男孩子，在幼儿园的时候他就很喜欢主动帮助老师和同伴做一些力所能及的事情。基于问问这样的性格特点，教师从这里切入，鼓励他多动手，多参与班级里的小事。做小帮手的方法，对于改善问问挑食问题、刺激问问的味蕾是十分有效的。于是，如果当天的午餐有鱼肉，老师们就会在用餐过程中鼓励问问："问问，你要加油哦！你吃好了，就能做小帮手了哦！"有了这样的目标驱使，问问开始慢慢把不爱吃的鱼吃到肚子里，还时不时地会说："老师，鱼也挺好吃的，你看我的碗里没有了，我已经开始慢慢喜欢它的味道了。"在家中，爸爸妈妈也会请问问帮忙做家务、择菜、准备餐具等餐前准备活动，餐后问问会主动承担帮全家人洗碗的家务工作。

问问也通过"积极参加餐前准备及餐后整理活动"这样的方法，渐渐告别挑食行为，慢慢接受之前从不涉及的鱼肉。现在的问问不仅挑食行为得以改善，还会在餐后主动拿着小毛巾对老师说"我能帮老师擦桌子吗""我来帮忙放勺子吧"等。

（三）合理安排营养膳食

1. 保健室提供与鱼类同等营养的食物菜单

接受吃鱼需要一个过渡时间段，在这段时间内，保健室为问问提供了特别关注与帮助。鱼类的营养主要为蛋白质，作为营养替代，保健室在前期为问问提供了小肉丸、无骨鸡腿肉丁、鸭胸肉丁等食物，随后，逐步减少营养替代食物，转为提供鱼类食品。

2. 保育员改变鱼肉的形状、大小

面对问问的挑食问题，保育员也采取了多种措施，比如把鱼肉切割成小块，更利

于问问心理上的接受以及生理上的下咽；比如用模型将食物摆成有趣的、吸引人的图案；等等。

3. 厨房改变鱼肉的烹饪方式

基于食物的外观、气味会影响幼儿对食物的兴趣，"不美味"是幼儿拒绝某种食物的主要原因，幼儿园后勤厨房为问问改变了鱼肉的烹制方式，将鱼肉打碎混入水饺馅中，或是将午餐的清蒸龙利鱼改为椒盐酥炸龙利鱼。当油炸香味盖过鱼肉本身的腥味后，问问吃起鱼来仿佛发动了小马达，吃完以后，他对老师说："今天的午饭太好吃了，这个肉特别好吃，我很喜欢吃这个肉。"

在每月一次的小鸽子餐厅中，厨房会提供各种烹饪方式的餐点如鱼排、炸鱼、茄汁鱼等供幼儿自主选择，唤起幼儿的食欲。问问会在小鸽子餐厅时选择他喜爱的烹饪方式的鱼类食物。

（四）家园共育改善幼儿挑食行为

家园合作是改善幼儿挑食行为的必要环节，问问的家长也积极地加入，在家中为问问逐步递进提供美味的鱼肉餐点。问问来幼儿园后会说起："昨天奶奶烧了番茄酱味的鱼，我只吃了一点点，但是很好吃，我下次再吃多一点。"

同时，配合幼儿园的小厨房活动，妈妈让问问也参与到鱼类食物的制作中，比如一起包鱼肉饺子，一起制作鱼排，问问在参与烹饪的过程中会收获很大的成就感，在过程中也会乐于品尝，有效地改善挑食问题。

居家期间，妈妈提起问问突然对养小鱼有了比较大的兴趣，就带着问问去花鸟市场买了一个大大的玻璃鱼缸，让他自己挑了几条好看的小鱼带回家养育，以此增进问问对鱼的情感。当小鱼成为家庭成员之一后，妈妈说："在喂养小鱼的过程中，可以很明显看到问问和小鱼的感情变亲近了，对鱼也没有那么排斥了。"

基于问问的性格特点，教师结合中国福利会幼儿园《食育课程目标与内容》中"能做"板块的目标6"积极参加餐前准备及餐后整理活动"、"喜探索"板块的目标14"喜欢接触并了解各种食材"，联合保健室、厨房、保育员、家长，多位一体共同作用，有效改善了幼儿的挑食行为。

（案例撰文：冯甘霖）

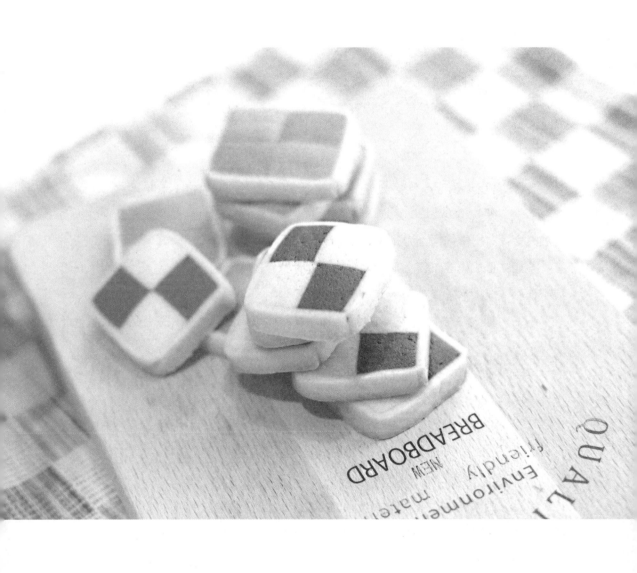

第二节
甄选以食育课程为核心的研究内容

对应研究目标，本课题将从"课程方案""养育环境""支持策略"三个方面确定有意义、可操作、有实效的具体内容，促使研究目标得以实现。

一、建成支持 2—6 岁儿童主动生长的园本化"食育"课程方案

第一，架构适合 2—6 岁儿童年龄特点的"食育"梯度目标，为家长及保教人员开展"食育"提供依据，为儿童主动发展提供导向。

第二，形成内容丰富、形式多样的"食育"资源库，为儿童、家长、保教人员开展"食育"提供参考资料和应用资源。

第三，探索多样化的实施途径，回应并支持不同水平、不同需求儿童的个性化发展。

第四，研发客观、易操作的评价工具，形成多元化的评价体系，为课程建设及师生发展提供诊断与指引。

二、建设全员合作、家园共育的"健康生活"大环境

第一，围绕儿童"食育"，充分挖掘家园"食育"资源，甄选并充分利用社区资源，绘制家—园—社各区域儿童"食育"全景图，建成多方合作共育场域。

第二，形成家长、教师、保健员、保育员等各成员及时沟通、密切合作、线上线下互动的工作机制，建立并完善保障医教结合、保教融合、家园联合的长效机制。

第三，在行动中逐步形成"健康生活"的基本原则和实施要点，建立家园一致一贯的"健康生活"大环境。

三、形成支持儿童主动选择"健康生活"的有效策略

第一，医教结合，探索研究支持儿童主动选择"健康餐饮"意识与能力的有效策略。

第二，保教融合，创设自主、温馨、开放的用餐环境，探究引导儿童自我服务与自主管理的有效策略。

第三，家园联合，探索实践促使儿童形成健康的生活态度和饮食习惯的有效策略。

第四，多元合作，研究引导儿童在饮食文化陶冶下主动选择并探索实践与人、与己、与环境和谐相处的具体路径和方法。

精雕细琢"育"始成
——幼儿食育中的食欲

"三月河鲜赛过宝"，高蛋白、低脂肪是水产最显著的营养标志。

幼儿的新陈代谢非常旺盛。供给幼儿充足的营养以保证其生长是每一位家长都需要准备的功课。水产便是这些充足营养素中至关重要的一环。它们是蛋白质、无机盐和维生素的良好来源。鱼类蛋白质属优质蛋白，且脂肪含量低，易为人体消化吸收，比较适合病人、老年人，尤其是儿童食用。

一、探食——江河海味知多少

通过广泛的搜索和研究，厨师们选择了"春啖河鲜"中的"鲜"来做文章，探索其奥秘、探究其性状、探讨其烹饪方法，从而创造出适合幼儿食用的菜肴。

水产分为两类。海鲜：海洋、湖泊里出产的动物或藻类等的统称。河鲜：只要是出产于河里的可食用的动物性或植物性原料通称为河鲜。

其实，幼儿食谱中水产是常客，但纵然有整个海洋的水产，端在幼儿餐桌上的水产种类似乎只有那几样。如何丰富幼儿食谱水产品种，如何在品种繁多的水产中选择最适合幼儿的水产，如何烹饪出最适合幼儿的水产佳肴，如何让幼儿爱上这"独孤

一味"？

　　中幼膳食组应对水产选择的疑点、烹饪的难点，深入研究其奥秘，同幼儿进行一场"餐桌问答"赛，使得水产这种既普罗大众又略带神秘的食物以全新面貌出现在幼儿餐桌上。

　　二、寻食——学人学人细寻觅

　　水产作为高蛋白、低脂肪的代表，其鲜味一直为食客所喜爱，随着现代人生活水平的提高，几乎每餐都少不了。在寻找幼儿可以食用的水产时，营养素是关键。

　　1. 虾、蟹等贝壳类的海鲜胆固醇大多集中在头部和卵黄中，食用时只要除去这两部分，就不会摄入过多胆固醇。

　　2. 鱼虾含有丰富的蛋白质和钙等营养物质，不适宜与较多鞣酸的水果同吃，会降低蛋白质的营养价值。

　　3. 海水鱼中的DHA，俗称"脑黄金"含量高（只存在于深海鱼里）对提高记忆力和思考能力非常重要，但其油脂含量也较高，个别孩子消化功能发育不全，容易引起腹泻等消化不良症状。

　　4. 淡水鱼油脂含量较少，精致蛋白质含量较高，易于消化吸收，但是淡水鱼通常刺较细小，处理起来比较困难，这也是一般家庭比较少选择淡水鱼给幼儿食用的主要原因。

　　因学龄前儿童年龄特性、集体烹饪性、食谱配伍等因素，对于水产的选择范围缩小。于是，中幼厨师们发动奇思妙想开展了一场鱼虾蟹的盛宴。除了家长们熟知的鱼虾类，其实水产品的种类包罗万象，且富含一般食物中缺少的微量元素。贝壳类食材就是很好的水产品，其中含有幼儿生长发育中必不可缺的"锌"元素。

　　三、研食——如切如磋如琢如磨

　　从食物习性开始研究，是中幼厨师的必修课。食物和幼儿的匹配度直接影响其食用感官，好吃的菜肴不仅营养丰富符合年龄特点，还需要色彩搭配相宜，引起幼儿的食欲，符合幼儿的口感。

　　《本草从新》上记载："蚝，肉名蛎黄，味美且益人，为海上品。"

这种靠海而居的生物因其钙含量和牛奶接近，蛋白锌的含量在所有食物中高居榜首，被西方誉为"海里的牛奶"。关于"锌"元素，生蚝里面的含量是最丰富的。由于食材的特殊性，生蚝最直接的方法是烧烤或者生食，如此含锌丰富的食物，却不能在幼儿餐桌上找到一片天地，实为一件憾事。

三文鱼中含有丰富的不饱和脂肪酸，还含有一种叫作虾青素的物质，是一种非常强力的抗氧化剂。其所含的 Ω-3 脂肪酸更是脑部、视网膜及神经系统必不可少的物质，有增强脑功能、预防视力减退的功效。但海鱼拥有的海腥味在烹饪时很难去掉，对于口味敏感的幼儿，再丰富的营养都敌不过味道和喜好。

因此，中幼厨师们开始研究探索，反复讨论实践，利用循环封闭模式，见微知著。

四、知食——食无定位适口珍

在探求—找寻—研究上分层解读幼儿菜肴的中幼厨师，始终首要关注的是口感，食物本身的味道没有定论，能够品评的只有食用食物的人。幼儿园关于食育开展的活动中，有一项关于最不喜欢吃的菜肴投票，"逆流而上"是这项活动的宗旨。立足适合幼儿食用，促进幼儿喜欢食用，最终成为幼儿适用且喜爱的菜肴。

喜欢吃的菜肴对幼儿的吸引力永远存在，不喜欢的菜肴，幼儿对其的疏远则需要改变、改善。中幼厨师有一种变魔法的本领，把幼儿不喜欢的食物变得"爱不释手"，将小众化的食材变得"脍炙人口"。改变一种性状，变通一味食材，将日常对于幼儿细致入微的观察融入烹饪。

《宋史·赵普列传》说：事不凝滞，理贵变通。道理和食物都是一样，需要通过改变获得出其不意的效果，幼儿菜肴烹饪尤其需要这种改变，有时打破一种常规认知也是烹饪的尝试和勇气。

五、做食——妙手烹得美味尽

投票的选择，代表幼儿对于食物最原始的喜恶。食材的处理，是厨师们对于幼儿最温柔的烹饪。每一道菜肴也都有自己的"忠实粉丝"。对于这些不喜欢的食材，厨师们改头换面重新做"菜"，亦是此活动的目的所在。此浮云归晚翠，鼎烹清香之际，让我们走入只属于中幼的魔法世界，共同品尝、共同探讨。

1. 生蚝香煎白灵菇

姓名：生蚝

性别：我是个有骨气的小男生

提名原因：有壳的东西吃起来好困难，宝宝不喜欢。从来没有吃过这种东西，不喜欢。

　处理难点：不经常在幼儿食谱中出现。

　食材亮点：锌含量特别丰富，是儿童生长发育必须。

姓名：白灵菇

性别：白白嫩嫩小美女

　提名原因：只要是菌菇，我就不喜欢。

菌菇有特殊的味道，做菜不好吃。

　处理难点：难以作为主菜食用。

　食材亮点：口感脆嫩，适合做辅料。

　生蚝香煎白灵菇非常适合各个年龄段的幼儿食用，因为其特殊的处理方法——将生蚝剁碎。和味道鲜美的白灵菇混合在一起，菇类特殊的香气可以掩盖生蚝的腥味，加入适量的柠檬去除腥味也可以调和酸甜的口感，入口时有白灵菇脆嫩、跳跃的嗅觉，也有生蚝鲜美的味觉。

2. 三文鱼奶酪塔

姓名：三文鱼

性别：我是深海美人鱼

　提名原因：三文鱼有一股臭臭的"腥"味。做来做去就是椒盐三文鱼，我都吃腻了。

　处理难点：集体生活中单一的烹饪方法。

　食材亮点：刺少软嫩，营养丰富。

姓名：小菠菜

性别：大力水手哥

　提名原因：高冷的绿色，宝宝不是很喜欢。

菠菜有股苦涩的味道。

　处理难点：集体烹饪中的做法比较单一。

　食材亮点：叶子软嫩，可以榨汁。

　三文鱼的腥味处理除了中幼一贯采用的葱姜水，黄柠檬也是一种很好的选择，生腌过后的鱼肉风味俱佳。厨师听取了幼儿建议，改用点心的制作方式。放入幼儿不喜欢吃的小菠菜碎，增添出春天色彩，因融合奶酪浓郁香味，突出不同层次的口感，塔状的点心，黄绿的葱郁，奶香的酥皮，令幼儿爱不释手。

六、育食——火候足时他自美

"笾豆有践""彼疏斯粺"，古之于饮食也若是重乎？中国人对于食有一种近乎于虔诚的膜拜。今人则在古人论食的系统上更加细化。从茹毛饮血到饕餮盛宴，人类进步的历史同时也是食物进化的历史，人类对于文明认知的改变在餐桌上也悄悄地发生。

幼儿便是其中比较特殊的一个群体，幼儿餐桌作为一个特别的存在，更需要日新月异的改革和创新，更好地为幼儿提供品种多样、营养丰富的膳食，中幼厨师们在传统烹饪的基础上发挥创新，融汇各家之长。

为此，我们还需要付出更加多的努力。

为此，中幼厨师们还在辛勤地努力着。

（案例撰文：蒋菲）

第三节
确定以行动研究为主的基本思路

本研究将从文献研究和现状调研入手，梳理幼儿园现有"食育"活动的类型、内容、资源等，分析当前"食育"的优势、不足及存在的主要问题，确立研究的重点与拟突破的创新点；通过行动研究、个案研究、功能分析研究、实证研究等探寻儿童"食育"过程中深层次的原因，借助多元化的评价手段，诊断儿童发展情况及课程实施成效；通过经验总结和定性分析等，提炼并不断完善支持儿童形成健康的生活态度和行为习惯的实践成果。

一、基本设想

第一，抓住"关键"问题，通过"制订课程方案""创设共育环境""研发有效策略"，设计与实施儿童"食育"课程；妥善处理"食育"课程与其他课程之间的关系，从而使幼儿园"生存"课程更为系统，有效地赋予儿童享受快乐童年并从容面向未来的力量。

第二，凸显"食育"特征，充分利用与"食"相关的各类资源，着力推进儿童在健康饮食、自理劳作、文明礼仪、主动探究等方面的发展，从而实现健康生活。

第三，重视"行动"研究，以"现实生活"为情境，以"真实问题"为靶心，以"计划—行动—观察—反思"为主要手段，在一轮接一轮的"反馈—评价"与"改进—提升"中有计划、有步骤地捕捉问题和解决问题。

第四，强调"基础性"和"可持续性"，聚焦儿童的日常生活，通过各种与"食"相关的活动，聚焦儿童健康素养，潜移默化地引导其逐渐养成健康生活的意识、能力和习惯，为其终身发展奠定基础。

二、研究对象

本研究以中国福利会幼儿园在读儿童为主要研究对象，随机选取其中的 60 名托班儿童、200 名小班儿童、200 名中班儿童、200 名大班儿童作为实验组。同时，以中福会浦江幼儿园在读儿童为参照，随机选取其中小、中、大班儿童各 100 名作为对照组。

由于儿童"食育"与其所在的家庭成员和幼儿园保教人员的饮食习惯、生活态度、价值取向等密切相关，因此，家长、保教人员等在"育人"之前先要"育己"，只有自身实实在在地认同并践行健康生活，才能在朝夕相处中切实对儿童实施教育影响。从这个角度而言，家长及保教人员既是研究人员，也是特殊的研究对象。

三、研究方法及措施

（一）行动研究

医教结合、保教融合、家园联合有计划、有反思、有改进，在持续轮回中开展儿童"食育"研究。针对真实问题，探索研究针对性策略；依托现实生活，引导幼儿在结构不良的问题情境中感知、体验、操作、实践；构建"计划—行动—观察—反思"的循环回路，在行动研究中不断提升"食育"成效，助推儿童主动、全面发展。

（二）文献研究

研究国内外有关"食育"的学术资料及动态，明确"食育"的内涵、途径、作用以及主要国家"食育"发展的历史、政策、举措等；研究幼儿园"食育"的理念、原则、课程、内容、途径、方法等，为本研究提供可借鉴的理论成果和实践经验。

（三）调查研究

通过问卷、访谈、实地观察等调查研究儿童、家长、保教人员对于"食育"的认知、儿童饮食行为与习惯、儿童所在家庭的饮食情况、本园儿童"食育"现状等，明

晰儿童"食育"的优势、不足及存在的主要问题。

（四）个案研究

选择挑食较为严重的儿童个体，以及"选择食物""营造适宜的饮食环境""日常饮食中的自我服务""家园合作"等较为普遍或需要突破的难题为研究对象，在广泛收集、深入分析信息的基础上，探寻儿童"食育"的主要特点和基本规律，研究支持儿童形成良好饮食习惯的有效路径、方法和策略等。

（五）功能分析研究

明确"食育"课程的基本功能，梳理分析"食育"课程在幼儿园"生存"课程体系中的基本定位，厘清"食育"课程与"节庆""社团""社会实践""基础课程"等的关系，促使各类微课程相辅相成，共同支撑起幼儿园"生存"课程体系，合力发挥"组合拳"的教育效能。

（六）实证研究

依托评价工具，观察、研判本园 660 名 2—6 岁儿童与"饮食"相关的生活态度及行为表现，分析实验组与对照组儿童"健康生活"的意识、能力及习惯等方面的发展情况，研究总结儿童"食育"课程、教育环境、支持策略等的有效性，并据此不断予以优化和改进。

（七）经验总结

收集、整理儿童"食育"的课程建设、环境创设、策略实施等的相关经验，以实证为依据，总结、提炼确有成效且可复制、可推广的经验。

（八）定性分析

通过对比反思、分析演绎、概括提炼等，全面、深度地剖析研究儿童"食育"实施情况，对存疑问题进行验证，去伪存真；对典型案例和有效经验进行思维加工，形成研究成果，从而揭示儿童"食育"的基本规律，丰富儿童"食育"的课程资源和方法、途径。

以信息技术架构幼儿"食育"新途径

《3—6 岁儿童学习与发展指南》指出：引导幼儿树立正确的饮食观念，克服偏食、挑食等行为，养成健康的饮食行为和习惯，对幼儿健康成长起着重要作用。[①] 近年，我园充分利用信息平台，积极探索幼儿"食育"的新途径，借助信息技术的力量引导幼儿从小养成健康饮食的行为习惯，为其终身发展奠定良好基础。

一、"听懂"每日餐点，形象渗透营养知识

适当的营养知识能够帮助幼儿关注食物的营养价值，指导他们在日常生活中理性选择有营养的食品，促使幼儿克服挑食、暴食等不良行为，养成健康饮食的良好习惯。但在日常生活中，家长常常忽视对孩子进行营养方面的教育；受年龄特点限制，幼儿也难以理解抽象的"营养"到底是什么。信息技术较好地破解了这一难题。我们以幼儿每日餐点为内容，将今天吃什么、食材长啥样、具体有哪些营养、对小朋友的身体有什么帮助等与营养相关的问题，通过视频、图片、语言等方式形象、生动地呈现出来，潜移默化、深入浅出地帮助幼儿了解粗浅的营养知识。

目前，许多幼儿园都在门厅显眼处展示幼儿当天食用的生鲜食材，但事实上，尽管孩子们每天都会三三两两聚集在这里点点戳戳，但很难全部知晓这些食材的名称，更难理解它们的营养价值。为此，我们决定将幼儿每日膳食制作成营养视频，帮助幼儿了解粗浅的营养知识。但这是一个巨大的工程，为了使之具有可行性并常态化，我们经过反复实验，整理出 200 多种常见食材，通过赴农场实地拍摄、上网查询等收集了大量资料，剪辑制作成基本素材，并进行配音，建成幼儿营养素材资源库。每天，保健老师只要根据菜谱内容，将各种相关的素材合成当天的营养视频，投放到门厅的电视屏幕上，幼儿就可以自主观看了。就这样，每日的餐点介绍变得简单可行，更重要的是，幼儿能够独立听懂，有效提高了教育效率，使得面向幼儿的餐点介绍真正落地实施。

二、"看见"每周食谱，实时开启共育平台

调查显示，年轻家长往往不善烹饪，甚至抗拒下厨房做饭烧菜，这使得幼儿在家

---

① 张秋萍.幼儿园食育课程的建构与实施［J］.学前教育研究，2018（8）：70—72.

的营养常常得不到保障。为了指导家长合理调配营养并烧出美味可口的菜肴，我们将每周菜谱以及大厨烧菜的视频上传到信息平台，方便家长随时下载阅读；为了提高家长亲身实践的积极性，我们还组织家长动手操作，通过介绍自家的私房菜、实践大厨推荐的经典菜谱等线上线下活动，提高家长参与"食育"的积极性。让幼儿园每周菜谱"看得见"，不仅有效提升了幼儿家庭的餐饮质量，同时也将幼儿自然而然地卷入其中，和大人们一起关心膳食营养，参与到食材搭配、食品选择、餐前餐后的劳作等活动中来。

我们还在"每周食谱"栏目中设置了一个"特别关注"区域，家长可以随时将幼儿需要禁忌的食品上传到平台，信息平台结合每日晨检、考勤等数据，综合分析幼儿健康状况，将肥胖、营养不良、过敏等特殊幼儿的相关情况汇集成"幼儿营养需求统计表"，作为保健老师为幼儿配制营养餐的依据。孩子们也在亲身品尝或观察同伴就营养餐的过程中，切实感知、体验膳食营养与身体健康之间的关系，有效提高了幼儿对自身身体健康状况的关注，以及自主选择营养食品的意识和能力。

三、"玩转"美食吃播，携手体验饮食文化

"小吃货吃播"以其生动有趣的形式，吸引家长和孩子共同围绕"吃"的主题，通过探店、品尝、制作、分享等活动开展体验与探索。平日里忙于事业的家长，面对充满烟火味的饮食活动难以拒绝，心甘情愿地放下手头的工作，全身心和孩子们一起寻访美食、交流餐饮体验，心悦诚服地给孩子打下手，在孩子指挥下查询资料、拍摄录像。孩子们在大快朵颐之余，对着镜头落落大方地介绍美食的内容、店面的布置、特色菜肴背后的民俗故事，甚至回家和爸妈一起制作特色小吃的过程，等等，各方面的能力在轻松愉悦的气氛中得到锻炼。

我园的信息平台成为孩子们交流和展现"美食之旅"的重要载体。孩子们自发将拍摄的视频上传到信息平台的"吃播"栏目，更多的孩子在"吃播"栏目看着小伙伴的介绍乐不可支，各种细节和趣事成为孩子们日常交流分享的热点话题。信息平台支持幼儿将富有生活气息的"吃播"活动全面、真实地展现出来，内容贴近幼儿生活、迎合幼儿兴趣，涵盖了健康、语言、科学、艺术、社会等各个领域，具有很高的教育价值，成为幼儿园"食育"课程的重要资源。

总之，我们依托信息化平台，具体形象地传播健康的生活理念，指导幼儿养成良好的饮食习惯，支持幼儿"吃"出健康的身体，"吃"出自主选择健康饮食的能力，"吃"出对中华饮食文化的认同和喜爱。信息技术以其便捷、高效的特性，跨越时空，架设起家园合作共育的平台，为幼儿园"食育"开辟出卓有成效的新途径。

（案例撰文：王佳明）

第四节
制订问题为本、步步为营的研究步骤

本课题多管齐下探索研究幼儿园"食育"课程的构建、"健康生活"大环境的创建、行之有效支持策略的实践，旨在引导儿童从小养成健康的生活态度和饮食习惯，为其终身发展奠定基础。

一、准备阶段（2020.8—2021.2）

主要任务：明晰问题，制订方案

具体步骤：文献研究 + 现状调研 ➡ 形成研究方案

（一）文献研究

1. 搜集资料

研讨与本课题相关的资料内容、类型以及可能的资料来源，明确成员分工，尽可能广泛地搜集相关资料，尤其是近年儿童"食育"的研究成果。

2. 鉴别资料

确定关键词，查找相关论文、书籍、课程方案、活动计划等，鉴别、筛选出来源可靠、内容科学并能够反映前沿动态的有参考价值的文献资料。

3. 整理资料

整理编撰所收集的资料，对参考价值较高的文献进行摘录或复印；同时组织课程组成员阅读文献资料、交流学习心得。

4. 文献综述

对相关文献资料进行批判性分析，研判文献资料中有价值的关于儿童"食育"的观点、方法、资源等成果，进行文献综述。

（二）现状调研

1. 问卷调查

设计问卷，就儿童在家庭中的饮食状况、家长与教师对儿童"食育"的认识与预期、目前儿童"食育"的优势与不足等问题，面向家长和保教人员进行调查。

2. 个别访谈

选择存在挑食、偏食等不良饮食习惯的儿童，对其家长进行个别访谈，了解产生不良习惯的深层次原因，分析儿童饮食习惯的影响因素；访谈保教人员，了解幼儿园在"食育"过程中的普遍问题和突出问题。

3. 现场调研

观察幼儿园"食育"环境、保教人员教育举措、儿童饮食行为等，梳理、分析当下幼儿园"食育"经验及课程建设、环境创设等方面的现状与存在的问题。

（三）确定方案

对照文献研究及现状调研情况，分析儿童在饮食、营养等方面的发展情况、幼儿园"食育"现状以及后续努力方向等，从而确立本课题探索研究的主要问题，明确研究思路，制订研究方案。

二、实施阶段（2021.3—2022.6）

主要任务：研发"食育"经验

具体步骤：计划—行动—观察—反思…… ➡ 形成"食育"经验

（一）计划

"预则立，不预则废。"教师、保健员、保育员、家长等各相关成员根据儿童年龄特点和发展规律共同制订行动计划，通过设计方案、创设情境、制定策略等，有目的、有计划地开展教育引导，从而提高"食育"效率，促进目标落地。

1. 制订课程方案

根据本园儿童核心素养量规及"食育"特征，制定2—6岁儿童"食育"发展目标，开发、甄选贯穿于一日活动的各类"食育"内容，初步制订儿童"食育"方案；合理把握"食育"课程与节庆、社团等其他课程之间的关系，使"食育"课程与其他课程相辅相成，共同成为幼儿园"生存"课程体系的有机组成部分。

2. 设计"食育"情境

在幼儿园、家庭、社区三大场域中创设与饮食相关的、能够促进儿童健康生活的适宜情境，根据"食育"目标及情境特征确定活动主题、配置材料工具、设计情境任务等，促使儿童在与情境互动过程中创生意义。同时，将各情境绘制成儿童"食育"全景图，指导保教人员和家长整体把握和深度发挥情境的教育影响。

3. 研发支持策略

家长、教师、保健员、保育员等从不同角度出发，对照"食育"目标，依据儿童发展状况和个性特点，在形式多样的"食育"活动中设计有针对性的指导方法，引导相关人员对儿童实施支持策略。

（二）行动

教育的根本目标是促进儿童发展。以保教人员和家长为主要成员，针对真实问题开展探索研究，激发儿童在形式多样的实践中直接感知、实际操作、亲身体验，并在经历中积蓄关于健康饮食和全面发展的意识和能力。

1. 生活中感知

根据"食育"的特性，充分利用幼儿园、家庭、社区的生活资源，引导儿童在现实生活中感知三餐两点的就餐规律、各种菜肴的色香味、不同菜肴为身体生长提供不同营养等，从而逐渐爱上美食。

2. 情境中体验

创设多元化的主题情境，配以丰富适宜的材料、工具、任务包等，引导儿童在与情境互动过程中初步理解、体验健康生活的含义和具体路径，并在现实生活中予以实践。

3. 活动中重构

依据课程方案组织形式多样的"食育"活动，激励儿童在现实生活中运用经验并

探索实践，使其在具体行动中不断内化并重构经验。

（三）观察

以"儿童成长档案"为载体，观察记录儿童在实践中的行为表现，并以此作为检测课程设计与实施绩效的主要依据。

家园合作：记录"儿童成长档案"。保教人员与家长合作，依据儿童"食育"观察量表，观察评估儿童在"幼儿园一日活动"以及"家庭生活"中的行为表现，评价儿童饮食认知、行为习惯的整体发展情况以及个体发展特点，制作儿童成长档案袋，为支持儿童形成健康的生活态度和良好的饮食习惯提供依据。

（四）反思

以儿童行为表现为实证，审视与研判课程方案、"食育"情境、支持策略等的有效性，并通过持续不断的反馈与改进，实现课程、情境、策略的更新与优化，以更为有力地支持儿童发展。

1. 多部门联动："食育"活动的思辨与改进

由课程部牵头，联合教研、保研、保健、家教、质量监控等多个部门，以儿童活动过程中的行为表现为主要依据，对"食育"过程中的重大活动、关键事件等进行研讨，反思活动设计与实施环节的优势与不足，为下一轮课程改进提供依据和建议。

2. 儿童评价：交流、展示与自主选择

儿童评价的内容是多方面的，形式是符合儿童能力水平的。具体而言，既有对于食品喜好与否的表态，也有对于"食育"活动欢迎与否的意见，更有对于同伴和自身行为认同与否的观点，儿童通过交流、反馈、展示以及投票选择等多种形式，呈现个人对于"食育"的态度以及健康饮食的发展情况。儿童力所能及的自我评价，帮助其以前期成长为"镜子"，为后续发展确立目标和动力。

三、总结阶段（2022.7—2022.12）

主要任务：凝练"食育"成果

具体步骤：重研文献—梳理过程—总结经验—撰文报告 ➡ 凝练成果

（一）重研文献，拓展思路

组织课题参与人员再次研究包括在进程中逐步充实的所有文献资料，审视研究过程和研究方法，进一步开拓课题总结的思路，明确报告撰文的基本方向。

（二）梳理过程，归纳经验

回顾、反思整个研究过程，归纳、分析已有经验，明确在儿童"食育"领域解决了哪些实际问题，形成了哪些新的观点和做法，促使儿童获得了哪些发展等，根据研究方案，讨论确定研究报告的主要内容。

（三）确立提纲，系统总结

在梳理、整理研究经验的基础上，撰文研究报告的提纲并广泛征求意见；发动教师根据提纲主动申领任务，总结研究经验；修订提纲，根据研究重点和创新内容确定成果内容及写作人员；与撰文教师进一步讨论成果内容，分头阐述、系统呈现儿童"食育"成果。

（四）去伪存真，精练成果

组织多种形式的研讨活动，共同讨论报告初稿，不断完善研究报告。一稿完成后进行统稿，修正体例不一、前后矛盾或重复的内容，补充遗漏的研究经验，对部分存疑内容进行再次验证并修正误差；二稿完成后精进文稿，再次审视研究方法是否科学、研究结论是否可靠，着重阐述在儿童"食育"领域有所突破和创新的研究成果；三稿完成后再次进行深化和润色，斟酌成果的可行性和操作性，保障研究成果的推广和指导价值，同时精练文字，使之简明流畅且方便阅读。

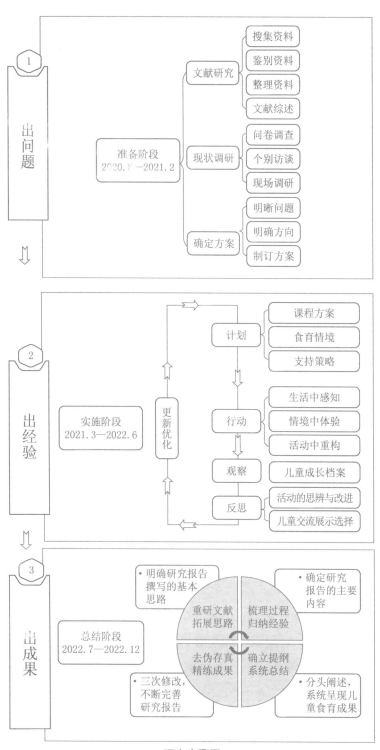

研究步骤图

不爱吃鱼的黎黎

黎黎不爱吃鱼，源自小时候鱼刺卡喉的经历。在幼儿园里，大厨师巧妙地使用工具先给鱼去刺让黎黎放下心结，又用不同方式给鱼去腥，鼓励对鱼味敏感的黎黎大胆尝试，随后丰富适合儿童的鱼料理做法，给黎黎多样化的体验。大厨师的烹饪魔法一步步化解了去鱼刺、去鱼腥、调整口味的难题，让黎黎变成了爱吃鱼的孩子。

小时候曾被鱼刺卡喉，现在的黎黎不爱吃鱼。

大厨请来了绞肉机做帮手，鱼肉绞三次，
鱼刺就不见啦！

黎黎小心翼翼地去吃没
有刺的鱼肉，但鱼腥味让他
皱起了眉头。

大厨又使出魔法：用葱姜水、柠檬和胡椒腌鱼，再切掉鱼肉红肌，鱼肉竟然不腥了！

黎黎看了又看，闻了又闻，终于张开嘴巴吃鱼了。

大厨乐呵呵地再一次使出魔法：熬制酸甜可口的茄汁浇在松鼠鳜鱼上，味道和颜色都是超级棒！黎黎乐颠颠地大吃起来，原来，鱼这么美味！

（策划：龚琰　撰文：杨梦莹、汤洁楠　插图：黄文洁）

　　幼儿咀嚼能力尚未发育完全，坚果因质地坚硬，常常不受待见。而且坚果体积小，稍不注意就有可能呛入幼儿气管，厨师们在用材上也有安全顾虑。虽然"阻碍重重"，但坚果仍然是极具营养价值的食材。于是，厨师巧动心思，给坚果变身，通过破壁处理、搅碎变小、烹饪入菜等多种料理方式，一步步化解难题，让孩子们吃上了安全又有营养的坚果！

坚果种类丰富、营养价值高，可是由于太硬、易呛，小朋友们不爱吃。

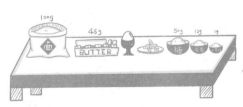

大厨想到好办法，让坚果大变身：拿出破壁机，杏仁变成粉，融入面粉做成香喷喷的巧克力杏仁条。

可是一直吃磨成粉的坚果，孩子们的牙齿得不到锻炼。

大厨把花生捣碎变小粒，做成碎花生饼干，锻炼牙齿又美味。

孩子们还是不满意："我想吃完整的坚果。"

大厨把腰果炸香来入菜，伴着虾仁一起炒，腰果变软易咀嚼。

大厨真厉害，让小朋友们都能吃上营养的坚果！

（策划：朱蓓蓓 撰文：金峥、冯德莉 插图：黄文洁）

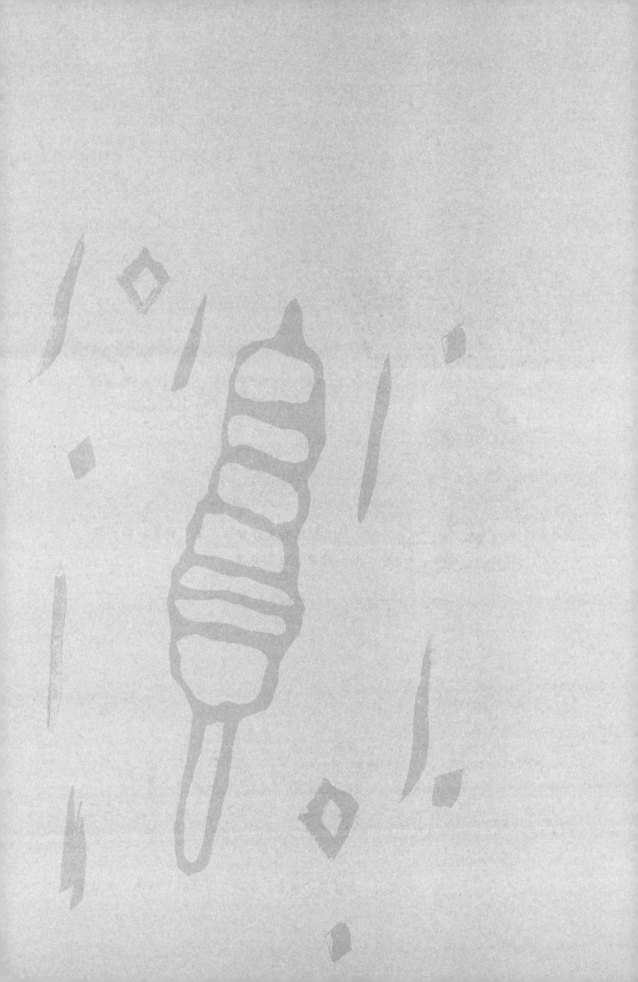

4

多头并进
合力共育"健康儿童"

食育课程在我园历经了一代又一代人的坚守和磨砺，面临不同时代的不同问题与矛盾，我们不断与时俱进地更新、迭代食育课程的目标和内容，丰富、完善食育课程的结构和实施途径，挖掘、创新食育课程的策略和原则，基于我园营养膳食的传统特色，将多年来散落于幼儿园各项活动之中、不成体系的食育活动梳理、整合、完善、丰满，最终形成了融入现实生活的幼儿园食育课程方案，使食育课程成为既相对独立又与生存课程相互交融的课程体系。与此同时，幼儿园多年来积累的浩如烟海的各类食育资源也被科学地归类、划分，建构起一个庞大的资源库，成为食育课程背后强有力的支持。通过"计划、行动、观察、反思"的行动研究模式，中幼人总结与归纳出五大原则和七条措施，并使之成为不断行之有效的推进课题实施的重要举措。

第一节
食育课程：融入现实生活

一、课程目标 [1]

课程目标是幼儿园力图通过课程促进幼儿的身心发展所要达到的预期结果。[2] 食育课程的目标是整个课程设计和实施的立足点，贯穿于食育课程实施的全过程。建构食育课程目标是课程建设中重中之重的内容。食育课程目标的确立，依靠课程小组的精心推导和反复研磨。在目标确立过程中，我们主要从以下视角出发，试图建构符合幼儿发展需求、适宜幼儿园课程现状、顺应国家社会发展趋势的目标体系。

（一）确立依据

从当代儿童生存的需求视角，为了构筑"健康生活"。食，是人最基本的生存需求，是幼儿一日生活中不可或缺的组成部分。通过"食"，幼儿可以获得健康的身体、心理的满足、行动的能量。幼儿对食物有着天然的兴趣。食物的色香味形对幼儿都具有很强的吸引力。毋庸置疑，食，与人的身心健康息息相关。成人对于幼儿最大的期许首先是能获得健康的身心。健康身心是幼儿一切活动的基础，也是幼儿获得幸福快乐的基本保障。我园对儿童饮食的研究从关注"吃饱"的基本需求到重视"吃好"的营养跟进，再发展成"样样吃"的习惯渗透，我们的食育理念在不断与时俱进、优化前行，越来越面向儿童的生存本质，接近儿童的生活真相。通过分析研究，我们认为拥有丰裕物质的当代儿童的迫切需求是构筑"食"的观念、了解"食"的知识、培育"食"的能力、优化"食"的行为，"以儿童为本"的食育应当以建设"健康生活"为目标。

从儿童发展的核心素养视角，为了促进"全面发展"。教育的基本功能是育人，

---

① 本内容由龚琰撰文。
② 上海市教育委员会教学研究室. 幼儿园课程图景：课程实施方案编制指南 [M]. 上海：华东师范大学出版社，2013.6：5.

育人的根本问题是立德树人。要使儿童在瞬息万变的社会洪流中获得更好的发展，作为教育者，更应该关注儿童发展的底层逻辑，支持儿童获得可持续发展和终身发展的能力。这是任何课程或教育形式都不懈追求的目标。核心素养是有机融合、相互补充的体系，儿童的学习、生活更是不可分割的整体，儿童生存的每分每秒都在逐渐地养成能力、建构品格。《3—6岁儿童学习与发展指南》[①]中提出"关注幼儿学习与发展的整体性"这一思想，认为儿童的发展是一个整体，要注重领域之间、目标之间的相互渗透和整合，促进幼儿身心全面协调发展。中国福利会幼儿园生存课程的目标定位聚焦于核心素养，培养"儿童具备能够适应终身发展和社会发展需要的必备品格和关键能力"是当下教育的重中之重。通过食育培养"全面发展的人"是我们开展教育的最终目的。因此，我们研究食育，希望以"食物"为载体、以"餐饮"为抓手，聚焦并着力推进幼儿健康饮食、自理生活、文明礼仪、自主探究等多方面协调发展。

　　从幼儿园生存课程的实际出发，为了激发"主动生长"。中国福利会幼儿园建园七十多年来，始终将"把最宝贵的东西给予儿童"作为我园课程的基本指导思想，这

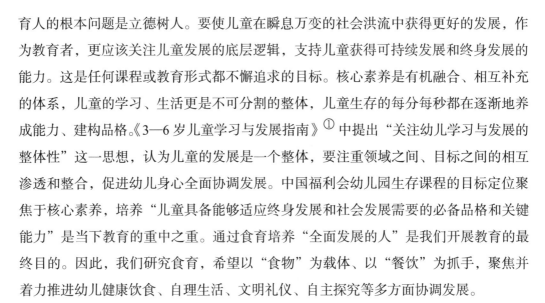

幼儿自主阅读西餐菜单

---

① 中华人民共和国教育部.3—6岁儿童学习与发展指南［M］.北京：首都师范大学出版社，2012：2.

一使命和任务是全体中幼人共同的价值追求。随着社会的全面发展和教育理念的不断更新，我园逐渐形成以"让儿童拥有幸福快乐且多姿多彩的童年生活"为理念的生存课程。而今我们也认为激发幼儿"主动生长"是教育非常重要的目的之一。作为幼儿园整体课程中的有机组成部分，食育课程秉承着这一理念，牢牢抓住食育的特征和本园幼儿发展的需求，制定食育课程的目标。我们希望能通过食育课程激发幼儿自发学习、主动生长的内在能量，使他们获取源源不断的向上奋发的动力。

（二）目标构架

根据《幼儿园教育指导纲要》《上海市学前教育课程指南》《上海市幼儿园办园质量评价指南》等一系列规范性文件，结合食育特征、本园幼儿发展需求及我园生存课程理念，我们确立了以"会吃""能做""有礼仪""喜探索"为主要项目内容的食育目标，为课程设计和实施提供更为精准的指引。通过本课程的实施，期望促进儿童饮食观念、饮食习惯以及饮食行为的转变，培养拥有健康生活态度和能力的儿童。

会吃，是食育最直接、显著的目标。在常人看来，"会吃"可以是食量大，可以是吃得讲究，也可以是懂得如何享用美食，对吃有自己的思考和见解。而对于我们各方面

自助餐菜品自选

仍然处于稚嫩时期的幼儿来说，因为食物的色香味形而挑食的有，由于家庭养育方式而营养不全面的有，鉴于成人介入过多而失去进餐兴趣的亦有。吃，是幼儿生活的常态。但习以为常之中，蕴含着更多生活的智慧。幼儿需要从了解粗浅的营养知识开始，在一日活动中逐渐养成良好习惯，更要从内心接受各种食物、享受食物，不仅满足于好吃、喜欢吃，而且建立健康生活的意识和价值观，这才是"会吃"中更深层次的内涵。

能做，是食育最符合幼儿学习特征的目标。不论在任何学前课程中，大家都深谙"做中学、玩中学"的道理。食育恰恰围绕真实生活中的材料、需要幼儿在做做玩玩中不断摸索的活动载体。在种植、采摘、清洗、加工、烹制的过程中，在每日三餐两点的大量实践中，蕴含着许多有价值的教育点：养成清洁、整理、收纳的习惯会让幼儿的生活更有秩序，独立操作能提升幼儿的生活能力、感受自己的力量、增强信心……在食育中以"能做"为目标，与食育活动特性、幼儿学习特征相契合。

有礼仪，是从小培育幼儿人文素养的重点。中国文化中素来以"礼"为先，礼仪文化是中华文化的重要组成部分，也是食育中不可或缺的内容。从中国食礼出发，放

一日生活中的理菜活动

幼儿体验用餐礼仪

眼中国之外的饮食礼仪，让幼儿在充分享受食物的同时，养成文明守礼的行为习惯，在食育过程中，知事明理是食育课程必要的目标。

喜探索，是关注幼儿学习方式、科学精神、社会参与的体现。食与幼儿周围的真实世界息息相关，是幼儿在探索中潜移默化地感知人与自我、人与自然、人与社会的天然载体。以食为媒介的探索活动，从最浅显的外形特征到食物的社会文化功能，将会带给幼儿全方位、深层次的探索体验。在食育过程中，幼儿积累的价值标准、思维方式、行动能力也会获得全方位的升级，成为幼儿成长的宝贵财富。

会吃、能做、有礼仪、喜探索是我园食育课程的总目标。为了使课程总目标具体落实在课程实施层面，指导教师的教育活动设计与实施，引领幼儿的发展方向，我们将食育目标逐层分解，从认知、能力、情感态度三方面体现食育总目标内涵，称为一级目标。在一级目标的基础上，将食育目标分解为表现行为（二级目标）和年龄阶段表现（三级目标），形成上接课程理念、下续课程实践的目标体系。

表 4-1 中国福利会幼儿园食育课程目标

项目	一级目标	二级目标	三级目标			
			托班	小班	中班	大班
会吃	认知：初步了解健康营养的知识。能力：养成良好的饮食习惯，初步具备主动选择健康饮食的意识和能力。情感态度：愿意接纳各种有营养的食物，能身心愉悦地参与进餐活动。	不偏食，不挑食，样样都能吃。定时就餐，不暴饮暴食，不饿肚子。不因贪吃零食而影响正常餐饮。细嚼慢咽地进餐，不浪费食材。	愿意在成人的引导下尝试各种食物。能用杯子喝白开水。进餐中情绪稳定，知道表达进餐的感受。在成人引导下，定时进餐。	在成人引导下，不偏食，不挑食。会使用杯子自主饮水。能愉快进餐，愿意向成人和同伴表达进餐的感受。在成人引导下，定时进餐，不贪吃零食。喜欢吃瓜果、蔬菜等新鲜食品。	不偏食，不挑食，不暴饮暴食。能常喝白开水。能愉快、主动进餐，表达自己进餐感受的同时，愿意了解他人对食物的想法。知道"定时就餐"的好处，在成人引导下，做到定时就餐。不贪吃零食。愿意主动选择瓜果、蔬菜等新鲜食品。	能悦纳食物的不同形状、颜色、味道和口感，不浪费食物。能主动喝白开水。进餐时能细嚼慢咽。进餐时情绪愉悦，了解自己饮食习惯，能感知自己的进餐状态，不暴饮暴食，不饿肚子。尝试根据季节、场景挑选适宜的食物。能选择健康食品，进行简单的餐点搭配。

（续表）

项目	一级目标	二级目标	三级目标			
			托班	小班	中班	大班
能做	认知：认识基本的厨具和种植工具，知道它们的使用方法。能力：能进行与餐饮相关的基本自理服务。掌握初步的劳动技能，能使用简单的厨具和种植工具开展简单劳作。情感态度：愿意与同伴、成人一起劳动，对果蔬的种植、加工、烹饪等感兴趣。	主动完成饭前洗手、饭后漱口等自理活动。积极参加餐前准备及餐后整理活动。在成人带领下参与种植、理菜、制作点心等力所能及的劳作活动。	知道饭前洗手、饭后漱口。愿意和成人一起进行种植、采摘、制作点心等力所能及的劳作活动。喜欢在成人引导下尝试各种小点心的制作。	在提醒下，完成饭前洗手、饭后漱口等自理活动。在成人引导下，参与餐前准备及餐后整理活动。认识一些基本的厨具和种植工具。喜欢参与种植、理菜、制作点心的劳作活动。	主动完成饭前洗手、饭后漱口等自理活动。知道餐前准备和餐后整理的内容，能参与其中。知道一些厨具和种植工具的用法，能参与种植、理菜、制作点心的劳作活动。	积极参与餐前准备和餐后整理中力所能及的事，愿意尝试还不会做的事。能运用基本的厨具和种植工具，自主开展劳作活动。积极主动参与种植、理菜、制作点心等劳作活动。
有礼仪	认知：知道基本的进餐礼仪。能力：具有文明进餐的举止，能遵守基本的进餐礼仪。情感态度：具有对健康食物的积极态度和情感，有尊重和爱惜食物的意识。	进餐时不扭动身体，不乱吐食物，基本保持桌面整洁。能有始有终地进餐，不争抢、不挑拣食物。会使用勺子、筷子等餐具，了解并使用餐巾、刀叉等西餐用具。进餐时不大声喧哗，不发出突兀吧唧的声响，不影响他人进餐。学会排队取餐、按需取餐、多样取餐等自助餐的基本礼仪。愿意向他人介绍并分享好吃的食物。	能安静地坐在位子上就餐。在成人引导下，吃完自己的饭菜。能使用勺子。知道进餐时不玩玩具、不看电视，愿意专注吃饭。在成人的鼓励下，尝试分享食物。	进餐时不扭动身体，一手扶碗，一手拿勺，能熟练使用勺子进餐。能吃完自己的饭菜，不挑拣食物。能有始有终地进餐，不剩饭。知道"进餐时不大声说话、不发出异响"。在提醒下，能遵守幼儿园用餐、饮水等活动秩序，能排队取餐。愿意和他人分享好吃的食物。	进餐时不扭动身体，有掉落的饭菜能自己清理。吃完自己的饭菜后离开座位，知道不能挑拣食物。能使用筷子，尝试根据饭菜情况选择餐具。知道"食物在嘴里时不说话"，进餐时不影响他人。能遵守幼儿园用餐、饮水等活动秩序，人多时会等待。吃自助餐时，能排队并按需取餐，不争抢食物。在提醒下，能节约粮食。愿意分享好吃的食物，喜欢向他人介绍好吃的食物。	进餐时不挪动座位、保持良好的坐姿，保持桌面、身上整洁，垃圾能放到指定碗里。吃完自己的饭菜后离开座位，进餐中不挑拣食物、搅拌食物。能熟练使用筷子，了解餐巾、刀叉的使用。食物在嘴里时不说话，进餐不发出异响，不影响他人进餐。能遵守幼儿园用餐、饮水等活动秩序，人多时能排队等候。吃自助餐时，能排队并按需取餐，不盯着拿取食物，不争抢食物。能节约粮食。愿意主动介绍并分享好吃的食物。

（续表）

项目	一级目标	二级目标	三级目标			
			托班	小班	中班	大班
喜探索	认知：了解食物的外形、种类。初步了解各种饮食文化。能力：积累各种探究方法，能围绕"饮食"开展初步探索。情感态度：喜欢探究食材，在探究中与食物积极互动，感知人与自然、人与社会、人与自我的关系。	喜欢接触并了解各种食材。对食物有兴趣，主动探究饮食背后的民俗故事和风土人情。珍惜食物，探寻食物与自然、食物与人之间的关系。	对食物有兴趣，喜欢接触各种食材。在成人的引导下，愿意摆弄各种食材，尝试用多种感官探索食材。	对食物有兴趣，用各种感官感知食材。认识常见的食材，能仔细观察，并发现食材的特征和多样性。初步感知食物与自然、食物与人的关系。	愿意了解食材的种类、外形特征、生长环境和生长规律等，知道食材有不同的营养。能运用观察、比较、猜测等方法探究食材。了解食物与自然的关系及食物对人的影响。对饮食背后的民俗故事和风土人情感兴趣。	主动参与了解、探究各种食材。在饮食探究过程中，尝试运用观察、实验、比较、分析、推理等方法。对食材的各种特征感兴趣，初步发现食物与自然、食物与人们生活的关系。具有热爱食物、珍惜食物、保护自身健康的意识。能主动探究饮食背后的民俗故事和风土人情。

二、课程结构 [①]

（一）总体架构

在我园课程体系的框架下，我们对食育课程的结构进行了规划，主要分成两大部分：日常餐饮和专题活动，并通过七个途径来实施。日常餐饮主要指"每日餐饮"和"小鸽子餐厅"；专题活动分别是"节庆活动""实践活动""社团活动""主题活动""劳作活动"。

所谓"日常餐饮"主要指幼儿园每天的进餐活动，不同于其他幼儿园，我园的日常餐饮有两种形式。一是每日餐饮，即每天正常的两点一餐活动。二是小鸽子餐

---

① 本内容由严婷、朱晓韵撰文。

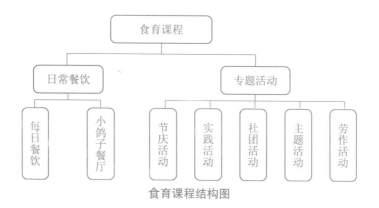

食育课程结构图

厅，即每月不定时组织的一次特色午餐活动，后者形式更多样、气氛更轻松、食材更丰富，颇受幼儿喜欢。同时小鸽子餐厅的亮点是更凸显幼儿自主，教师更多考虑以幼儿为本，具体体现在幼儿可以自由选择餐食、用餐地点、用餐方式等，旨在鼓励幼儿自主的同时让幼儿进一步享受美食、爱上进餐。通过"日常餐饮"两种不同形式活动的组织和实施，幼儿可更全面地了解食物的营养价值，逐渐学会合理、科学地选择食材，养成良好的饮食习惯。

所谓"专题活动"主要是指除幼儿园日常餐饮活动外，和食物与饮食有关的各类活动，即节庆活动、实践活动、社团活动、主题活动和劳作活动。

节庆活动将美食与节日风俗结合起来。中国自古以来是一个以农业为本的国家，食物对于中国人来说意义非凡，在长期食物生产和饮食生活的过程中，形成了特有的节日饮食文化，大部分传统节日里，都离不开以"食"为主角、充满仪式感的习俗。节日中的食俗是生活化的，传递着情绪氛围、民俗风情这些重要的文化元素，一个个节日中特有的饮食文化也传承着中华优秀传统文化。例如元宵节吃汤圆、端午节吃粽子、中秋节吃月饼等。在丰富多彩的节庆活动中幼儿可以体验美食与传统文化的交融，有助于幼儿萌发对优秀传统文化的热爱之情。在节日物质、人文环境中，幼儿直观地感受到"食"与文化紧密相连。

实践活动中的食育体现生活实际的特点，"实"即真实，"践"乃践行，学会生活是我园实践课程倡导的重中之重，面对一日三次端到面前的"成品"食物，幼儿逐渐磨灭了对"食"的好奇和期待。社会实践活动为幼儿提供了探索的机会，去收集"原型"食物包含的各种信息，如：带领幼儿去菜场探究菜场里有哪些时令菜；去食品厂观察蛋糕如何制作；去农场学习如何采摘蔬菜等。借助春游、秋游、小小看世界等活动，在真实的情境中体验食物的特点，感知季节与劳作、季节与食物间的关系，从而丰富幼儿的感知，拓宽幼儿的视野，积累有关食物的经验。

　　社团活动是我园特有的选择性课程，它尊重幼儿的自主性和选择性，满足幼儿主动探索的兴趣，鼓励幼儿自我管理和发展。在众多社团中，"小农庄"社团则是幼儿自发组成以"食"为载体，以混龄合作为形式开展的自主学习活动。幼儿在有趣的探索食物过程中逐步感知人与自然的密切联系。幼儿在小农庄社团中亲身体验蔬菜、水果从播种到培育，从采摘到制作的过程，直观、生动地了解蔬菜、水果的生长过程，形成对食的连锁记忆。

　　主题活动主要是指各年龄段幼儿在相应的主题下开展有关食物与饮食的学习活动以及个别化活动，有助于丰富幼儿对食物的认知。如小班"苹果和橘子"的主题，核心经验是认识常见水果，感知明显特征；中班"好吃的食物"主题是通过观察、品

在"丰收的秋天"里开展碾磨活动

尝，分辨食品的色香味，知道各种食物都有营养；大班"有用的植物"主题，幼儿探究植物的特点和用途及与人们生活的关系等。这些与食物相关的主题通过集体教学、分组学习、个别化活动等形式贯穿于幼儿的学习活动，激发幼儿探索的兴趣。幼儿逐渐从被动学习变为主动学习，由接受性学习变为探索性学习，不断发挥各种潜能。

劳作活动中，幼儿通过商量和讨论选择自己班喜欢的农作物，在种植园亲手种植与观察来直观感受农作物的特点及其成长规律，从而形成初步的生态观。除此之外，幼儿可以体验收获的喜悦以及劳作的艰辛，从而激发幼儿更好地珍惜食材。在小厨房中，幼儿学习制作和品尝美食，强化对食物的操作体验，建立与食物的情感联系，同时还需要整理、收拾食材，享受劳动的快乐。

"专题活动"正是通过这五种不同形式的活动建构起来，它以培养对饮食文化的兴趣为切入口，以提升幼儿对食物的认知能力、体验动手种植、制作食物的乐趣，探索食物与自然、食物与人之间的关系为目标。"日常餐饮"和"专题活动"是既各具特色、各有侧重又相互联系的两大部分，两者相辅相成，共同架构起食育课程的整体框架。

（二）相互关系

1. 食育课程的外部关系

食育课程与我园课程体系呈现既相互联系又相对独立的关系。首先，食育课程是我园生存课程与上海市二期课改课程共同组成我园完整课程体系下的一个子课程。食育课程围绕我园食育目标、依托我园课程体系中共同性课程和选择性课程展开。例如我园食育课程中的"小农庄"隶属于生存课程中的"社团活动"，是选择性课程。"美食节"和"春游"分别隶属于生存课程中的"节庆活动"和"实践活动"，是共同性课程中的拓展课程。而"日常餐饮"则是我园共同性课程中的基础课程。因此在依托我园课程体系的基础上，围绕食育活动特点，对我园课程体系中课程类型进行选择并重组设计，将散落于各类课程之中的食育内容系统提炼，并结合其他内容架构出我园食育课程框架。

其次，我园食育课程又是一个相对独立存在的个体，拥有完整的价值和课程体系，包括明确的食育课程目标、清晰平衡的食育课程框架、丰富的食育课程内容、多样化的食育实施途径以及多元的食育评价体系。课程围绕食育展开，助力幼儿以饮食为载体，逐步养成爱劳动、能自理、均衡营养、自主选择的良好习惯，培养对饮食文化的兴趣，探寻食物与自然、食物与人的关系，形成亲近自然、珍惜食物的情感，进而激发幼儿主动生长。

2. 食育课程的内部关系

从横向上看，我园食育课程结构平衡清晰，内容有机整合。我园采取二分法的方式，结合食育融入现实生活的特点，以"食"为抓手从幼儿园日常生活活动出发，将食育课程分为"日常餐饮"和"专题活动"两类课程，角度统一，对各类课程在指向目标实现上的功能与作用划分清晰，不存在课程重复、交叉的情况。与此同时，我园食育课程沿袭我园课程结构特点，保证课程类型"日常餐饮"和"专题活动"之间的合理配比，而在课程内容之间也保持一种恰当合理的比重关系，既包含上海市二期课改的基础课程，满足幼儿发展的基本要求，又包含我园食育课程的特色补充，保证幼儿获取经验途径的多样性以及在"会吃""能做""有礼仪""喜探索"四方面发展的和谐性。

在保有各类食育活动原有特点及功能的同时，也注重发挥食育课程的整体效应，讲求各类活动之间的相互渗透、有机延伸、互补协调。如充分发挥"主题活动"和"劳作活动"的整合作用，助力幼儿拓展有关食物的知识与经验链条，体验食物生长到食物制作再到食物品尝的完整过程，引导幼儿在真实情境中、在自我实践中探寻食物与自然、食物与人之间的关系，生成健康生长、自主管理的内驱力。

从纵向上看，我园食育课程沿袭我园课程结构清晰性的特点，顺应幼儿年龄特点，关注幼儿各年龄段的连续性，在课程纵向上形成一个连续体，使幼儿的经验具有一定的过渡性和连续性。我们按照儿童身心发展连续性的特点，遵循由浅入深，由简单到复杂的课程组织规律，注重"目标逐步提高"的要点来设计食育课程中的各类型内容。例如"劳作活动"下的"小厨房"，认识常见的食材并与之互动是小班小厨房目标，活动重点落在重视感知、体验探索性。在有了小班认知各种食材并积累互动经验的基础上，中班进入制作美食的起步阶段，认识常见的厨房工具及用途，通过各种方式对食材进行简单处理，逐步产生对制作食物的兴趣。大班是进入制作美食的阶段，不仅要满足幼儿继续探索的兴趣，也要强调幼儿的自主性。也就是说相比于技能技巧的掌握，更多倾向于美食制作及美食文化的自主探索。"小厨房活动"从最初的认识感知食物到制作食物，再延展到美食文化的探索，课程内容随着幼儿年龄的增大，由简到难，层层递进，不断深入拓展。

　　同时"重复轮回"是我园生存课程的一大特点，而作为我园课程体系的子课程，食育课程也保留了该特点。比如在"专题活动"下的"劳作活动—种植园"，每个班级每学期都会在自己班级的小菜地种植喜欢的植物。虽然从活动内容上看每学期的内容、形式大致相同，但就是在这一个个学期看似相同的种植情景中，幼儿在不断感知体验，习得经验。例如对于种什么植物的问题，小班幼儿由于年龄特点以及种植经验的缺乏，一般由老师选择为主，重点落在发现植物生长的变化，与自己种植的食物建立情感上。有了对种植园更形象的了解和体验后，中班幼儿更加主动地参与种植活动，对种什么的问题也有了自己的想法。到了大班，幼儿考虑种植对象时会加入其他因素，如农作物成熟的时间，是否能在一个学期内收获，也会考虑种植条件，尝试在班级伙伴之间的"头脑风暴"中确定种什么植物。在种植的过程中，幼儿也能在发现问题的基础上尝试解决问题，如：担心天气太冷，动手给植物搭暖棚；天气太热，给植物浇水。随着幼儿身心逐步发展，在面对选择种什么的问题上，幼儿会冒出不同的看法和处理方式。通过每学期的亲身种植与观察，在直观地感受农作物特性和生长规律以及收获劳作情感体验的基础上，大班幼儿能够考虑到之前农作物种植条件和成熟时间受限，在新学期选择种什么植物时会及时做出调整，选择合适的植物，该行为即为在原有经验基础上建构新经验，从而实现认知结构螺旋式上升。

三、课程内容 ①

（一）日常餐饮

　　日常餐饮由每日餐点以及小鸽子餐厅两个部分组成，其中每日餐点是在幼儿园一日生活中开展的两点一餐，即早点、午点以及午餐活动，小鸽子餐厅是每月开展一次的自主午餐活动。

1. 每日餐点

　　幼儿园每天的两点一餐，是幼儿一日生活中营养摄入的重要环节，做好两点一餐活动，对于幼儿的身体发育以及形成良好的饮食习惯都是十分重要的。

---

① 本内容由寇旭撰文。

（1）常规餐点：常规餐点是指每天在幼儿园开展的早点、午点以及午餐活动。

表 4-2　常规餐点课程内容

课程名称	课程类型	开展频次	年龄段	课　程　内　容			
				托班	小班	中班	大班
每日餐点	常规餐点	每天	托班 小班 中班 大班	1. 在成人引导下参与每天的餐点活动，在进餐中情绪稳定。 2. 在成人的引导下愿意尝试每样食物。 3. 知道吃饭时要专注，不发出奇怪声音。 4. 尝试使用勺子自主进餐。	1. 愿意参加每天的餐点活动，在进餐过程中情绪愉快。 2. 对食物感兴趣，愿意尝试每样食物。 3. 在成人引导下拿取餐具和餐食。 4. 学习使用勺子、夹子、牛奶壶等用餐工具。 5. 在成人引导下保持桌面整洁。	1. 熟悉菜品名称，样样东西都愿吃。 2. 熟练使用勺子、夹子、牛奶壶等工具，能使用筷子进餐。 3. 能专注且有始有终地进餐。 4. 自主拿取餐具和餐食。 5. 保持桌面整洁，协助成人共同进行餐后整理。	1. 了解菜品营养价值，不挑食。 2. 熟练使用各种用餐工具。 3. 知道进餐礼仪并能遵守。 4. 能自主服务并进行餐后整理。

（2）自选餐点：自选餐点是指为幼儿提供不同口味的牛奶、豆浆，让幼儿自主选择饮品的餐点活动。在自选餐点中幼儿可以品尝到不同风味的牛奶和豆浆，幼儿可以根据自己的喜好、自己的身体情况等选择相应的营养饮品。考虑到自选营养饮品在幼儿营养分析上可能产生的影响，该活动频次定在每周两次。

表 4-3　自选餐点课程内容

课程名称	课程类型	开展频次	年龄段	课　程　内　容	
				托小班	中大班
每日餐点	自选餐点	两次/周	托班 小班 中班 大班	1. 现场选：依据自己的喜好选牛奶或者豆浆作为早点中的饮品。	1. 计划选：提前一周依据自己的喜好或者身体情况选择牛奶或者豆浆作为早点中的饮品。
				2. 在老师的鼓励下，尝试不同饮品。	2. 了解幼儿园提供不同饮品的营养价值，愿意尝试不同的饮品。

2. 小鸽子餐厅

小鸽子餐厅是幼儿日常餐饮的另一种形式，每个月举行一次，主要以自主餐厅的形式开展。在常规的餐饮活动中幼儿形成了良好的用餐习惯，学会了用不同种类的餐具，了解了不同食材的营养价值。在小鸽子餐厅的活动中，幼儿将以在常规餐饮中所积累的经验为基础，参与自主制定菜单，自主选择用餐伙伴，自主布置用餐环境，自主评价菜肴口味等活动。同时，小鸽子餐厅还会和幼儿园中的实践活动、节庆活动相结合，与各类活动相生相依、相辅相成，为幼儿的食育体验创设共通共融的大环境。

表 4-4 小鸽子餐厅课程内容

课程名称	开展频次	年龄段	课程内容			
			托班	小班	中班	大班
小鸽子餐厅	每月一次	托班 小班 中班 大班	1. 感受自主用餐的形式，在自主餐厅中保持情绪稳定。 2. 在成人引导下选择自己喜欢吃的食物。 3. 在成人引导下尝试吃完自己拿取的食物。 4. 表达自主餐厅中的进餐感受。	1. 体验自主用餐的形式，在用餐过程中情绪愉快。 2. 在成人的引导下尝试自主选择用餐地点，确定用餐同伴。 3. 依据自己的口味选择菜肴。 4. 在成人的帮助下拿取菜肴。 5. 吃多少拿多少，不浪费食物，不暴饮暴食。 6. 在成人的帮助下整理餐具。 7. 参与菜肴评价，能说出自己最喜欢的菜。	1. 熟悉自主用餐形式，初步了解用餐礼仪。 2. 自主确定用餐地点，选择用餐伙伴，协助成人一起布置用餐环境。 3. 依据自己的口味选择菜肴，愿意多样化取餐。 4. 用各种工具自主拿取菜肴。 5. 整理餐具，并在成人的帮助下整理餐厅环境。 6. 尝试评价菜肴的口味。	1. 尝试构建自主用餐规则，了解用餐礼仪。 2. 尝试采用多种方式选择用餐地点，确定用餐同伴，自主布置用餐环境。 3. 在成人引导下尝试自主制定菜单。 4. 依据自己口味、菜肴营养进行选择，不挑食、不偏食。 5. 自主服务，根据需求拿取和添加菜肴。 6. 自主整理桌面以及餐厅。 7. 多方面评价菜肴，大胆表达自己的想法。

（二）专题活动

除了日常的餐饮活动之外，食育课程还设置了各种类型的专题活动。通过专题活动，幼儿能够感受动手劳作和制作美食的过程，同时感受美食和文化以及美食和人们生活之间的关系。

1. 节庆活动

节庆活动主要分为两个类型。一部分是指和中华传统节日相关的美食探究活动。在此项活动中，幼儿在节日的氛围下共同了解、研究和节日相关的传统美食，同时还能够在学校的专用活动室中自己动手制作节日美食，感受美食和中国传统文化的关系。此外，幼儿园还有自创的美食节活动。在此项活动中幼儿会根据不同的主题，了解和探究范围更加广阔的中华以及上海地方美食，体验美食和人们生活之间的关系。

表 4-5 节庆活动中食育课程内容

课程名称	课程类型	课程内容			
		托班	小班	中班	大班
节庆活动	节日美食	元宵节（汤圆）	1. 知道元宵节是中国人的传统节日。 2. 品尝汤圆。	1. 初步了解元宵节的习俗。 2. 了解包汤圆的材料，学着搓汤圆。 3. 品尝汤圆，说说汤圆的味道。	1. 熟悉元宵节的习俗。 2. 区别不同口味汤圆的异同之处。 3. 了解汤圆的制作方法，在成人引导下制作汤圆。	1. 了解元宵节的来历及习俗。 2. 分辨南北方汤圆制作方法和口味的差异。 3. 尝试制作造型不同的汤圆。
		端午节（粽子）	1. 知道端午节的名称。 2. 品尝粽子。	1. 初步了解端午节的习俗。 2. 认识包粽子的材料。 3. 品尝不同口味的粽子。	1. 熟悉端午的各项习俗。 2. 了解包粽子以及粽子烹饪的过程。 3. 品尝不同口味的粽子并选择自己喜欢的口味。	1. 了解端午节的来历，参与挂艾草、做香囊等活动。 2. 了解包粽子的过程，尝试自己包粽子。 3. 和家人品尝自己制作的粽子。

（续表）

课程名称	课程类型	课程内容			
		托班	小班	中班	大班
节庆活动	节日美食 / 重阳节（重阳糕）	1. 知道重阳节的名称。 2. 和长辈一起品尝重阳糕。	1. 了解重阳节的习俗。 2. 尝试用红绿丝装饰重阳糕。 3. 与长辈一起品尝自己装饰的重阳糕。	1. 熟悉重阳节的习俗。 2. 了解重阳糕的制作过程，在成人引导下制作重阳糕。 3. 和长辈共同品尝重阳糕。	1. 了解重阳节的来历。 2. 自主制定并执行"敬老计划"。 3. 自主制作不同口味的重阳糕。 4. 和长辈共同品尝重阳糕。
	中秋节（月饼）	1. 知道中秋节的名称。 2. 品尝月饼。	1. 了解关于中秋的习俗。 2. 了解不同种类的月饼。 3. 品尝不同种类的月饼。	1. 熟悉中秋节的习俗。 2. 观察不同种类的月饼，并且发现不同之处。 3. 尝试用月饼模具压花。 4. 品尝自己参与制作的月饼。	1. 了解中秋节的来历与习俗。 2. 了解不同地区食用的不同种类的月饼。 3. 尝试自己制作冰皮月饼。 4. 和家人品尝自己制作的月饼。
	美食节	1. 共同商议美食节主题。 2. 家园共育，在家长的支持下和幼儿共同探究相关主题。 3. 成果展示会：以海报、视频、照片等方式展示探究成果。 4. 美食品尝会：品尝和探究与主题相关的美食。			

2. 实践活动

由于新冠疫情原因，幼儿外出的实践活动机会有所减少。为了丰富幼儿的实践体

表 4-6　实践活动中食育课程内容

课程名称	课程类型	年龄段	课程内容
实践活动	秋季游园品尝区	托班 小班 中班 大班	1. 品尝和秋季相关的美食。（柿饼，山楂，花生，糖藕、苹果荸荠水等） 2. 参与了秋季丰收相关的劳作活动。（剥玉米，剥毛豆，磨米浆等） 3. 认识石磨等劳作工具。
	春季游园品尝区		1. 品尝和春季相关的美食（各种口味的青团、水果干、樱花布丁、山楂陈皮水等）。 2. 参与和春季播种相关的劳作活动。 3. 认识相关劳作工具。

验，幼儿园在每个学期都会为幼儿举办秋游或者春游的游园实践活动。在春秋游的游园实践活动中，幼儿能够品尝与季节相关的美食，了解劳动工具的使用，并参与劳作活动。

3. 社团活动——小农庄

社团活动是我园生存课程特有的子课程之一。社团活动中，中大班幼儿依据兴趣爱好或发展需求自发组成社团小组，以项目任务为载体，以混龄合作学习为形式，开展"有指导"的自主学习活动。小农庄社团是其中之一。在每个学期初，幼儿根据自己的兴趣选择并组成小农庄社团。参加小农庄社团的幼儿能够在活动中认识各种食材，使用各种烹饪工具，了解各种烹饪方法。小农庄部分活动内容举例如下：

表 4-7　社团活动中食育课程内容

课程名称	课程类型	年龄段	课　程　内　容
小农庄社团	种植食材	中班 大班	1. 在成人引导下种植生活中常见的蔬菜、水果等农作物。 2. 共同照顾农作物，进行灌溉、施肥、除草等活动。 3. 观察记录农作物的生长过程。 4. 收获采摘农作物。
	认识食材	中班 大班	1. 认识生活中常见的主食食材。 2. 认识生活中常见的蔬菜。 3. 分辨生活中常见的肉类。 4. 认识生活中常见的配料和调料。
	使用烹饪工具	中班 大班	1. 认识生活中常见的锅具，了解不同锅具的使用方法。 2. 认识生活中烹饪过程中经常使用的工具（锅铲、夹子等）并学习使用方法。 3. 认识生活中常见的刀具。 4. 在成人的帮助下使用简单的刀具进行切块，切丝。
	了解烹饪方法	中班 大班	1. 了解烹饪过程中常用的炒、炸、蒸、烤等烹饪方式。

4. 学习活动

学习活动主要是在主题背景下和食育相关的集体教学活动以及个别化学习活动。在这类课程中幼儿将获得主题背景下和食物生长、食物制作、食物探索等方面的经验，例如，大班"有用的植物"，中班"好吃的食物"，小班"苹果和橘子"。

5. 劳作活动

劳作活动是指幼儿亲身参与劳动的幼儿园食育活动。幼儿在劳作活动中通过自己

的亲身参与，体验种植、耕作、烹饪的过程，同时，参与劳动也是幼儿探究食物生长、感受食物来之不易的过程。在劳作活动中逐步让幼儿养成珍惜食物不浪费的良好习惯。劳作活动主要分为小厨房活动、种植活动和采摘活动三个类型。

表 4-8　劳作活动中食育课程内容

课程名称	课程类型	年龄段	课 程 内 容
劳作活动	小厨房	托班 小班 中班 大班	1. 学习制作简单的食物，了解食物制作的工序。 2. 学习使用模具，如擀面杖、水果刀、烘焙秤、剪刀等制作工具。 3. 了解蒸、炒、凉拌等食物制作方法。 4. 品尝自己制作的美食。
	种植活动		1. 选择自己喜爱或者想探究的食材进行种植。 2. 用合适的方法照顾植物。 3. 观察植物生长的过程，探究促进植物生长的办法。 4. 丰收，品尝种植成果。
	采摘活动		1. 认识园内能够结出果实的植物。 2. 观察不同季节植物的生长变化。 3. 用合适的工具和方法采摘果实。 4. 品尝果实。

四、课程组织与实施 [①]

（一）基本要求

陶行知先生提出，"生活即教育"。现实生活多元而多样，具有许多教育契机。幼儿可以在真实的生活中获取经验，在解决生活中出现的问题时得到发展。由宋庆龄先生创办的中国福利会幼儿园将"把最宝贵的东西给予儿童"的理念根植在方方面面，基于本园幼儿的主要特征，幼儿园课程以幼儿为核心，贴近幼儿生活，让幼儿自主地、个性化地、轻松自如地学习。在和周围环境相互作用的过程中，幼儿不断地积累经验、开阔眼界、增长知识。食育作为中幼课程的重要部分之一，需要在依托真实情境，关注幼儿全面发展，将食育和各项活动整合在一起，并充分发挥资源价值，使幼儿能够在实践中获得一生受用的能力和品质。

---

① 本内容由王碧韡、王雪雯撰文。

1. 依托真实情境

学前教育重视在真实情境中促进幼儿的发展。所谓"情境"，是指情况和环境，即幼儿要在现实生活中真正会遇到的情况、真正所处的环境中学习和发展。食育发生在幼儿与真实食材互动的过程中，也发生在探索饮食的真实过程中。那么什么是食育课程所依托的真实情境呢?

（1）与幼儿周围环境紧密结合

作为成人，我们往往对自己生活的环境习以为常，忽视了一些有利于幼儿发展的机会。对此，我们需要对现实生活作进一步思考，筛选出适合开展食育课程的场景，合理利用真实环境。比如将活动地点定在超市、菜场等幼儿比较熟悉的场所，一边逛一边向幼儿介绍各种食材，看看平时餐桌上的菜肴原来的样子。同时，在幼儿园内也为幼儿创设真实的环境，比如在小厨房活动中提供生活中的食材和工具，幼儿在亲自操作的过程中积累经验;又如在校园中开辟种植园、种植各种果树有助于幼儿在亲眼看见、用手触摸的情况下直接感受蔬果的生长过程，积累相应知识;除了物质环境，还可以创立像美食节这样以探索食物为核心的主题节庆活动，围绕主题促使幼儿在多方面体验和感受后对食物有更深的了解。

（2）与幼儿的一日生活紧密结合

观念的树立要靠日积月累，行为的转变需要潜移默化。幼儿的观念内化、行为养成依托的是一以贯之的教育积累。重视幼儿一日生活中的食育契机，是食育课程非常重视的内在要求。幼儿的生活场景主要是由幼儿园与家庭环境组成，通过幼儿园和家庭双管齐下的教育氛围是达成食育课程愿景的必要条件之一。

在幼儿园中的两餐一点环节，通过对幼儿的饮食观念、习惯、能力和行为的关注和观察，教师对幼儿的发展程度作出初步评估，从而组织符合幼儿发展特征的活动，在用餐环节潜移默化地支持幼儿充分发挥其主观能动性，给予幼儿更多自主空间。在用餐前，教师也可以向幼儿介绍不同食物所含的不同营养成分，从儿童视角出发，用幼儿能够听懂的语言或者儿歌等方式实施教育。在食育过程中，可以通过让幼儿自选餐食等方式评估幼儿对营养搭配的理解程度，也可以通过观察幼儿的饮食习惯，生成相应活动，培养"会吃、能做、有礼仪"的品质。两点一餐并不是幼儿吃完即可，而是很好的教育契机，教师应当充分利用这一环节实施教育。此外，日常的集体教学活

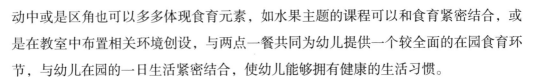

动中或是区角也可以多多体现食育元素，如水果主题的课程可以和食育紧密结合，或是在教室中布置相关环境创设，与两点一餐共同为幼儿提供一个较全面的在园食育环节，与幼儿在园的一日生活紧密结合，使幼儿能够拥有健康的生活习惯。

　　家庭是幼儿生活的主要环境。因此，幼儿园教师需要与家长保持良好的沟通，同步教育理念，通过家园合作共同开展食育。如此，幼儿园和家庭能够构成一个和谐一致的生活圈，幼儿在园、在家的饮食观念、习惯、能力、行为保持同步，能够更好地巩固和发展良好的饮食习惯和技能等。这样的生活圈对于幼儿而言是安全的、有信赖度的，幼儿能够在这样的环境中潜移默化地逐步得到发展。

　　（3）与幼儿当下问题和需求紧密结合

　　人的行为源于满足需求、解决问题。因此，需要围绕幼儿真实的现状开展食育，以支持幼儿解决当下问题为导向。幼儿是发展的人，在发展的过程中不断遇到各种问题，而在解决问题的过程中得到发展和提高。在活动中，幼儿获得了沉浸式体验，同时也会生发许多新的问题，如在春游活动中，幼儿会好奇"春季适合吃什么？"也会在大家交流意见时产生分歧。这时，一些教师可能会直接告诉幼儿答案或是替幼儿做决定，但具有食育思维的教师会让幼儿先自行探索，在孩子们观点不同时采用讨论、投票的方式让他们发挥自主性，并将幼儿当下问题与食育紧密结合，将幼儿出现的问题和需求转化为食育契机，从而促进幼儿发展。无独有偶，在美食节活动中，中国八

小鸽子春日餐厅环境

幼儿品尝春日美食

大菜系的知识丰富多样，不同幼儿对菜系的兴趣和了解程度不同，教师就可以利用这一点，鼓励幼儿深入探究。

2. 关注全面发展

所谓食育课程并不是只局限于食育本身，而是以食为内容，以食育为抓手，聚焦对幼儿终身发展有益的能力，提升幼儿总体的核心素养。食与育并举，是我们在食育课程中不懈的追求。

在组织和实施食育活动时需要支持幼儿核心素养的发展，从我园生存课程的目标出发，即从"关爱心""自主性""文化情"三方面对幼儿进行课程设计、活动实施、评价反馈。如：幼儿在美食节等活动中是否能够体现出关爱心，对其他幼儿具有同理心，与他人进行良好的沟通和合作。幼儿在食育活动中是否充分发挥自主性，是否热爱食物，愉悦地进餐；是否热爱劳动，自主收拾餐具。幼儿在遇到新的食物时，能否对食物充满好奇，愿意接受不同文化中的饮食习惯，比如用筷子吃中餐、用刀叉吃西餐等。此外，在自助餐选择的活动中，幼儿如何通过自己的探究、创新，自主选择餐

自主建构小鸽子餐厅

小鸽子餐厅里的儿童服务员

食。这些都是以食育为核心，多方面地促进幼儿核心素养发展的课程设计。

在组织和实施食育活动时还要从知识、情感、能力三方面进行设计、评价和反思。食育活动的最终目标是要关注幼儿自主维护全面健康的可持续发展的能力。因此，不仅要让幼儿会吃、爱吃，还要在食育活动中了解食物、餐桌礼仪等相关知识，乐于接受不同文化的饮食习惯，能够自主选择健康饮食，以良好的情绪就餐的同时提高幼儿与饮食相关的能力。食育活动给幼儿带来的发展是多方面的，是一项多角度提升幼儿行为发展的活动。

此外，食育活动可以和五大领域、四大板块相结合。在健康领域，幼儿通过食育了解了食物在人身体中的旅行过程，也能知道不同食物有不同营养；在语言领域，幼儿可以充分表达，也可以在绘本中学到更多食物知识；在科学领域，幼儿能够在动手操作的过程中，看见面粉是如何变成面团，不同食物在烹饪后发生的神奇的变化；在社会领域，幼儿学习餐桌礼仪，成为"小绅士""小淑女"；在艺术领域，幼儿可以通过创作来表现自己心目中食物的样子。在生活、运动、学习、游戏四大板块中，食育依托于这些活动，贯穿在幼儿日常生活中，促进幼儿多方面发展。

3. 整合各项活动

作为幼儿园整体课程体系的一部分，食育课程根据自身特点与"基础""节庆""社团""实践"等其他子课程在目标设定层面各有侧重，在活动组织层面或独立实施或相互交融，各司其职、各展所长，共同完成幼儿园培养总目标。

种植园、小厨房共同为幼儿提供了与食材互动的机会。幼儿在种植园种植蔬菜，观察蔬菜的生长过程，亲自采摘蔬菜，到小厨房清洗、处理蔬菜，用不同的烹饪方式把它变成美味的食物，从而了解蔬菜从菜地来到餐桌的全过程，在亲自劳作的过程中知道食物来之不易，产生"珍惜食物"的积极情感；小鸽子餐厅和秋游活动有机结合，幼儿在秋游活动中剥玉米、磨豆浆，体会了农民的劳作过程，又在中午的小鸽子餐厅吃到了与秋天相关的食物，两者有机结合，丰富幼儿对秋季食物的感受；中班好吃的食物主题与"好吃的色拉"实践活动结合在一起，幼儿能够在这段时间更加全面地了解各种食物有什么营养，又在做色拉的过程中进行营养搭配的实践，在实践中巩固在主题活动中了解到的食物营养知识，建立自己对于食物营养搭配的认知。

食育各项活动并不是孤立的，而是有机地融入各种主题和活动之中，有机整合、相互补充，带给幼儿完整的感知和经历，让幼儿能够持续性、沉浸式地参与到食育内容中，在一次次的亲身体验过程中得到发展。

4. 发挥资源价值

布朗芬布伦纳曾提出了著名的生态系统理论，他认为，直接环境（家庭）到间接环境（宽泛文化）有着多个环境系统，发展的个体是嵌套在几个环境系统中间的。每一个系统都和其他系统以及个体交互作用，影响个体的发展。[①] 通常，在学前教育阶段，这一系统包括了幼儿园、家庭、社区和社会环境。因此，幼儿园可以充分利用和发挥园方、家长、社区的资源优势，为食育课程提供更有力的支持。

幼儿园利用网络平台，如微信公众号、视频号、哔哩哔哩视频等，为食育活动提供了载体，既能使幼儿园得以向家长和社会宣传食育理念，与家长达成教育共识，也可以通过发布由家长参与拍摄的视频，得到家长的反馈，反向推进园方对于食育课程的建构。园方厨师积极研发适合幼儿的营养菜谱，而在家长中也不乏美食达人，懂吃、会做的家长们也有许多好的食育经验，两者相得益彰，共同构建出食育体系，既促进幼儿园的食育发展，更能帮助家长进一步了解食育知识。此外，幼儿园所属社区有许多适合开展食育的场所，如附近社区美食云集，幼儿在享受美食时能够了解食物；而社会上也有一些适合开展食育体验的基地，如巧克力工厂、元祖乐园、孙桥农业园区，都是很好的食育资源，充分利用这些场所作为开展食育活动的地点，能够让幼儿身临其境，直接参与，得到发展。

（二）操作要求

食育课程的组织和实施是实现食育课程目标的关键，而仅仅依靠食育课程的目标、内容和原则，教师往往无法制定计划、开展活动、实施课程。因此，我们根据教师的实施水平，制定了一系列可操作的规范和方法。比如，针对日常餐饮活动制定的《每日餐饮观察与指导细则》，内容详细具体，且与教师的日常工作紧密结合，为教师如何在日常餐饮中渗透食育课程的目标提供了切实可行的具体指导。"美食节"是我园特色节庆活动，为了让教师对于"美食节"活动的组织和实施方法有更加直观形象

---

① （美）David R. Shaffer & Katherine Kipp. 发展心理学：儿童与青少年［M］.邹泓，（等）译.北京：中国轻工业出版社，2016.1：536.

的认识，我们设计了《美食街主题活动网络及活动组织要素》的方案文本，帮助教师准确把握活动组织的要素。

1. 每日餐饮观察与指导细则

幼儿园的每日餐点主要有早点、午餐和午点，除了为幼儿提供安全卫生的进餐环境以外，通过教师观察与指导的操作提示可以确保食育课程实施的顺利开展。

表 4-9　每日餐饮操作细则

活动环节	观察与指导内容	操　作　细　则
早点 （30 分钟） 夏季作息早点 时间： 9:00—9:30 冬季作息早点 时间： 8:00—8:30 早点和自由活动融合	1. 组织幼儿如厕、洗手。 2. 引导幼儿自主选择牛奶或豆浆。 3. 观察幼儿自取点心的情况。 4. 提醒幼儿自主完成餐后整理、漱口。 5. 鼓励值日生参与餐前准备和餐后整理工作。（中大班）	1. 巩固 7 步洗手法，洗干净的小手抱紧不乱摸。 2. 组织讨论牛奶豆浆的不同营养和口味，介绍不同口味的饼干，鼓励幼儿尝试不同的食物。 3. 创设"牛奶豆浆"选择墙，鼓励幼儿自主选择。 4. 鼓励幼儿使用勺子、夹子取饼干，避免用手触摸不卫生。 5. 提醒幼儿倒牛奶时握紧奶壶，牛奶洒出来及时擦干净。 6. 餐后请幼儿用清水冲洗杯子和盘子，并放到固定点。 7. 提醒幼儿进餐中不大声聊天，不东张西望。 8. 提醒幼儿餐后漱口。 9. 组织值日工作：整理桌椅、清洁桌子、和保育老师一起整理餐具、提醒同伴等。
餐前准备 （5—10 分钟）	1. 开展餐前教育，引导幼儿初步了解健康营养的知识。 2. 引导幼儿掌握正确的盥洗方法。 3. 请能力较弱幼儿先盥洗。	1. 通过"每日餐点介绍"宣传菜谱、食材营养、时令养生等，激发幼儿进餐兴趣。 2. 指导幼儿正确洗手，排队取餐。 3. 请个别幼儿先盥洗、进餐。（如：进餐速度较慢幼儿、挑食幼儿、体弱幼儿等） 4. 如当日有过敏食物配餐，让幼儿了解自己的禁忌食物和相应的替代配餐。
午餐 （30—40 分钟）	1. 关注幼儿取餐情况。 2. 关注幼儿进餐情况，引导幼儿养成良好的进餐习惯。 3. 知道基本的进餐礼仪。 4. 引导幼儿了解自己的饮食习惯，做好特殊幼儿的进餐情况记录。 5. 保障幼儿进餐量，不浪费。	1. 关注幼儿取餐情况：排队取餐；先取餐具后取饭菜；将饭菜端到餐桌时不东张西望，避免打翻饭菜。 2. 引导幼儿自己独立进餐，细嚼慢咽，保持专注。 3. 观察幼儿能否正确使用餐具，餐具不对着他人。 4. 提醒幼儿一口饭、一口菜、一口汤，不光吃饭或菜。 5. 提醒幼儿不偏食、不挑食，能大胆尝试各种形状、颜色、味道和口感的食物。 6. 关注幼儿剥虾、吃带骨肉类、鱼类的情况，能自己剥虾、会吃带骨肉类、带刺鱼类。 7. 及时引导和鼓励挑食幼儿、进餐较慢幼儿。 8. 关注肥胖幼儿进餐情况，提醒幼儿先喝汤，进餐时细嚼慢咽。 9. 根据实际情况（如：个体差异、身体状况等），及时为幼儿（如体弱幼儿、饭量较大幼儿等）调整饭菜量。

（续表）

活动环节	观察与指导内容	操作细则
餐后整理 （10分钟）	1. 了解餐后整理的内容。 2. 提醒值日生完成餐后清洁和整理工作。	1. 引导幼儿将已使用的餐具、进餐圆凳分类整理摆放在固定点。 2. 提醒幼儿将食物咽下后离开餐桌，餐后擦嘴、漱口，保持口腔清洁。 3. 引导值日生工作：提醒同伴漱口、擦嘴；清洁桌面、地面、将餐具、餐凳整理摆放。
午点 （15分钟）	1. 组织幼儿如厕、洗手、搬圆凳。 2. 引导幼儿自己拿取餐具、点心。 3. 关注幼儿自主取餐和进餐情况。 4. 提醒幼儿进行餐后整理。	1. 组织幼儿做好餐前准备：先放好圆凳，再洗手、取餐。 2. 提醒幼儿自己拿取餐盘、勺子、毛巾，使用勺子、夹子取餐，将毛巾叠整齐。 3. 提醒幼儿取水果时手不碰到其他水果。 4. 关注幼儿吃水果的情况，如：能否自己吃橙子、香蕉等。 5. 根据实际情况为幼儿增减餐量。 6. 餐后擦嘴、漱口，并将餐具、圆凳分类摆放到固定点。

2. 美食节主题活动网络图及操作要点

美食节是我园自主创设的特色节庆活动，活动旨在培养幼儿对美食的兴趣，在与同伴、老师、爸爸妈妈一起探索、尝试、体验、分享美食与文化中，感受美食文化的精彩和魅力。美食节让幼儿感受到快乐、建立自信，了解食物的营养价值，养成良好的饮食习惯，了解基本的餐桌礼仪。通过探究食物相关的民俗和风土人情，了解食物与自然、食物与人之间的关系。以下是我园根据幼儿兴趣以及探索中可能会出现的关键问题预设的主题网络图。

① 主题选择

◇ 围绕"饮食"话题开展讨论，了解不同年龄幼儿对于饮食的已有经验。

◇ 引导幼儿介绍、分享自己的美食经验和感受，了解幼儿对于哪一类美食或其背后的风土民俗感兴趣，根据幼儿兴趣确定一项开展活动。

◇ 各班级可根据本班幼儿的兴趣点和主题生成情况，形成具有班级特色的主题网络图。

◇ 主题活动开展时长一般为4周，围绕相应美食主题开展前期资料收集、美食制作和品尝、环境创设和展示、自助餐厅等活动。

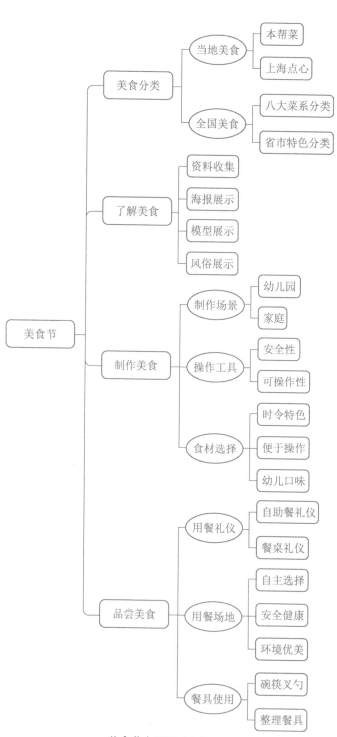

美食节主题活动网络图

② 主题呈现

◇ 鼓励幼儿通过观察、比较、品尝等方法接触并了解各种食材及其背后的民俗故事，并将探索结果呈现在美食海报、食物展示墙等展示区域。

◇ 引导幼儿探究美食背后的风土人情，和幼儿共同创设具有地域特色的美食小铺，如：港式茶餐厅、意大利餐厅、上海点心店等。

◇ 通过现场制作、视频介绍等方式展示美食制作过程及其相关的民俗故事。

◇ 收集地域特色服饰、手工制品，引导幼儿感受美食背后的民俗文化。

◇ 组织全园性大活动（如：美食一条街），并邀请家长共同参与美食制作、风俗展示等活动。

③ 美食制作

◇ 利用专用活动室（如：小厨房）为幼儿提供制作美食的场地，活动开展前保障场地的安全和卫生。

◇ 根据美食主题，带领幼儿参与美食制作，如：上海美食节上包小馄饨、做葱油饼、蝴蝶酥等。

◇ 根据幼儿年龄特点和发展情况选择难度适宜的制作内容，如：托小班幼儿可选择以揉、搓为主的面点或者步骤简易的半成品；中大班幼儿可以选择制作步骤相对复杂的菜或点心。

◇ 引导幼儿使用简单的厨具自主开展简单的劳作，选择安全且可操作性强的制作工具，活动前进行安全教育。

◇ 引导幼儿主动品尝自己制作的食物，不浪费食物。

◇ 邀请家长共同参与"亲子美食作坊""我家特色菜"家庭美食的制作，并通过照片、视频的方式分享家庭美食成品，呈现具有家庭特色的美食文化。

④ 美食品尝

◇ 自制美食品尝形式：

现场品尝美食（如：色拉、水果拼盘等）；

现场加工后品尝（如：在小厨房里煎葱油饼后幼儿品尝）；

统一送至厨房加工后品尝（如需要蒸的糕点类）。

◇ 采购具有特色的美食成品，引导幼儿尝试不同形状、颜色、味道和口感的特色

食物。

◇ 自助餐活动中，引导幼儿进行简单的餐点搭配，不暴饮暴食，自主选择品尝特色美食。

◇ 鼓励家长带领孩子去相关主题的餐厅，观察、发现餐厅特有的环境布置、历史背景，感受了解美食背后的故事及风土人情。

◇ 在家长带领下，在地域特色餐厅中品尝地域特色美食。

五、课程评价 [①]

课程评价是对幼儿园课程进行价值判断的过程，源于教师对课程设计和实施品质的主动探寻与追求。[②] 幼儿园食育课程评价，其目的在于促进发展——促进幼儿发展、促进教师发展、促进本园食育课程于正确方向和有效实施上有所发展。基于以上的发展性价值，食育课程的评价将引导教师了解幼儿的食育发展，发现、诊断食育课程自身及实施中的问题，并借助后期的反馈调节，鼓励教师不断提高设计和实施食育课程的专业能力，提升完善食育课程本身的结构和内容。因此，系统地思考并制定一套合理的食育课程评价机制和运作方式，是幼儿园食育课程实施方案中不容忽视的环节。

（一）多元主体参与的食育课程评价

食育课程的评价应建立在全面、客观的信息基础上。因此，幼儿园食育课程评价需主动吸纳多元主体，充分发挥不同主体在课程评价中的作用，形成多元主体参与并注重过程性分析的形成性评价。[③] 食育课程的评价除了从教师的角度，更可以让幼儿与家长都有机会作为评价主体参与围绕食育课程的相关评价。同时，为提高食育课程评价的科学性，我们需要判断评价主体的实际能力与可行性，为其提供相关的培训或指导。多主体积极参与的自主评价，有助于更为立体、全面、客观地呈现幼儿园食育

———————

① 本内容由高洁撰文。

② 刘霞. 托幼机构质量评价概念辨析 [J]. 学前教育研究，2004（5）：5—7.

③ 卢岩. 幼儿园食育课程建设的行动研究——以沈阳市 H 幼儿园为例 [D]. 沈阳：沈阳师范大学教育硕士研究生院，2020：54—57.

课程的整体状况，为食育课程的评价增添更多灵活性与科学性。

（二）多重层面呈现的食育课程评价

为了发挥课程评价的发展性功能，幼儿园食育课程评价需要从幼儿发展、教师发展、食育课程本身三个方面进行评价。这三方面具有不同的内涵指向，缺一不可，共同服务于完整、真实地体现食育课程过程中的设计、实施与成效。

1. 对幼儿发展的评价

对幼儿发展的评价，即从"会吃""能做""有礼仪""喜探索"四个维度，从情感、认知和能力三个层面对食育课程效果与目标的达成情况进行评价，反映幼儿在食育活动过程中的表现以及参与情况。这方面的评价主要包括幼儿是否了解多样的食物，知道并具有良好的饮食行为习惯，是否了解相关的饮食文化的内容，是否懂得珍惜感恩食物等等。

2. 对教师发展的评价

食育课程对教师发展的评价主要是从教师主题活动探索能力和课程设计实施能力两方面进行评价。主题活动探索能力方面的评价，帮助教师逐渐明晰幼儿哪些兴趣点是值得教师深挖并衍生为食育主题活动的，提升教师对主题活动的探索能力。课程设计和实施能力方面的评价，旨在帮助教师充分挖掘食育课程的教育价值和意义，尝试就幼儿身心发展情况设计符合幼儿年龄阶段切实可行的食育活动计划和流程。

3. 对食育课程的评价

针对食育课程的评价内容包括食育课程计划、课程安排、课程形式、活动频率及活动效果，主要服务于分析食育课程是否对幼儿产生积极正向的食育影响，对教师是否起到提升专业能力的作用，以及对幼儿园食育和幼儿家庭食育是否起到了促进作用。

（三）多种方法支持的食育课程评价

幼儿园食育课程评价的范围广泛、内容众多，评价时要注意多种方法相结合。①

---

① 卢岩.幼儿园食育课程建设的行动研究——以沈阳市 H 幼儿园为例［D］.沈阳：沈阳师范大学教育硕士研究生院，2020：54—57.

方式一：调查与访谈（见附件1、2）

针对家长与教师的问卷与访谈，可帮助园所与教师了解幼儿在园内外的食育经验，广泛收集幼儿食育发展的信息，以便在食育活动前后更全面准确地了解幼儿的发展。同时，也可以在活动结束后，通过与幼儿聊天访谈的形式了解幼儿在食育活动过程中的参与情况与目标达成情况。

方式二：幼儿食育测评量规（见附件3）

教师与家长可使用食育测评量规，围绕幼儿食育目标相关的行为表现进行积极正向的评价，反映幼儿的表现与发展状况。食育状况观测表与食育课程中"会吃""能做""有礼仪""喜探索"四大板块的目标相互对应，例如记录幼儿进餐过程中的表现，是否能够熟练使用餐具，有始有终就餐，遵守就餐礼仪等等。

方式三：幼儿档案袋

建立幼儿档案袋是一种综合性的评价方法，反映幼儿在一段时期内的阶段性食育学习过程与成长轨迹。[①] 档案袋一般包含三个方面的内容：一是教师以自然观察为主，为幼儿撰文的食育活动观察记录，并积极正向分析评价幼儿行为背后所体现的学习品质、社会性和情感发展。二是家长在家庭环境中对幼儿家庭食育活动中行为表现的观察记录。三是对幼儿食育过程中的作品或故事的记载，可以是照片记录的食物种植、制作过程，幼儿以绘画形式记录的食育体验等等。

方式四：教师自评和他评（见附件4）

教师自评帮助教师对自身食育教育理念与教学行为进行反思总结，而他评的方式从其他教师与领导的角度进行评价，查漏补缺，相互借鉴，从而实现教师在食育课程建设与实施上的共同成长。

方式五：食育活动反馈表（见附件5）

在食育大活动开展后，从教师、幼儿、家长三方收集相关反馈。教师和家长可以使用大活动反馈表，及时了解家长与教师对本次食育活动的感受和体会，而幼儿对于食育大活动的评价可以作为活动后期的内容，由教师进行采访和收集，帮助教师进一步反思和完善食育课程的设计与实施。

---

①　陈仙红.运用幼儿成长档案评价关注保教过程质量［J］.福建教育，2022（20）：12—13.

"小鸽子餐厅"大班菜单自选

　　总之,评价人员可有侧重地选择不同评价工具,综合全面地考量评价中得到的信息,坚持分析评价数据的科学性,建立常态化的评价运行机制。

食育课程评价调研工具

第二节
食育资源：着力丰富多元

营养膳食一直是我园的传统特色之一。在"生存"课程理念的指引下，幼儿园长期开展各类保育营养工作和饮食教育活动。营养师们始终致力于幼儿营养研究，在食谱制定、餐点烹饪、特殊儿童营养餐配制等方面积累了丰富经验；教师们通过创设"小厨房""小农庄"等真实情境为幼儿提供接触食物的实践机会，利用"自主餐厅""节庆活动"等带领孩子品尝风味食品、体验饮食文化。随着幼儿园课程的不断深化，积累的食育资源越来越丰富，并在实践中不断更新优化。但是，由于各类"食育"活动散落于幼儿园的各项活动之中，不成体系，其教育作用和影响力就得不到充分发挥，有价值的经验、方法和策略也无法有效共享、传递、参考和应用。为此，收集、汇总、整理洒落于各种活动中的"食育"资源，梳理、整合、分类搭建食育资源库框架，并为不断发展的食育课程资源提供丰富、完善、更新的空间很有必要。

一个丰富、多样、多元的幼儿食育资源库是食育课题成果汇聚、分享、运用的主要平台，也是教师、家长和相关教育人员开展食育教育的重要参考，这是食育课程发挥"组合拳"整体效力的必要保障。

一、汇聚、架构、更新——创建幼儿食育资源库[①]

（一）食育资源库的创建历程

我园具有良好的食育基础，七十多年来，我们一直将营养保健和饮食教育作为幼儿园工作的重要内容：早在 20 世纪 90 年代起，幼儿园就设立了专用活动室"小厨

---

① 本内容由许石慧撰文。

房",为幼儿提供接触真实厨房劳动的机会,通过与食物的亲密接触,了解食物的来源、特点,培养爱劳动、喜分享的品质;营养员和保健老师针对营养不良、肥胖等特殊体质的幼儿进行个案跟踪,为其开设个性化食谱,跟进其生长发育数据,通过食疗的方式改善幼儿体质;近几年,在"生存"课程再构的过程中,节庆活动成为重要的课程内容。其中的美食节、民俗文化节等大活动都将食物和用餐礼仪作为一个重要教育载体;社团课程中的小农庄、园艺天地项目,为孩子们以种植、劳作为项目的探究提供条件;……这些散落在各处的资源就是食育资源库的第一笔财富。

食育课题研究启动伊始,课题组就确立了构筑丰富、多样、多元的食育资源库这一目标。一方面,发动全园各部门搜罗汇总已有的食育资源:营养保健部门精心优选日常食谱、整理汇总特殊体质幼儿个案跟踪记录,梳理汇总有价值的研究成果和营养保育方面的方法策略;教育教学部门在日常活动、主题活动、家园共育活动、各类专题活动中寻找已有的食育资源。这些一直在使用却未曾被梳理的资料,一些封存在史料中却曾经精彩的活动,一些个别尝试过却没机会推广的经验……被一一汇总起来。另一方面,着手构建食育资源库整体框架:在内容方面,课题组秉持着开放包容的态度,希望能够构筑一个像"中国知网"那样,包罗万象,丰富多样,具有参考性、选择性、实用性的食育资源库。内容未必每一个都是精品,但是一定具有教育的价值。除了重复的内容和与当下教育理念不相符合的内容之外,其他都值得保留。只有具备了丰富的内容,才有可供选择和参考的余地。在分类维度方面,课题组经过激烈讨论和反复论证,确定以"幼儿在园活动""家庭食育""营养保健""保育照护"这四个类别作为一级分类。这一分类维度涵盖了幼儿园食育所涉及的各类活动和各类人群,也为食育资源的进一步细化和优化留出了空间,兼顾了广度和深度。由此,幼儿园食育资源库初具雏形。

随着食育课程的持续推进,资源库的内容也在不断丰富,在四大板块一级分类维度的基础上,资源库后续还在进行或还要进行的工作有两项:1.进一步细化分类维度,让不断丰富的各类资源归类更明确,搜索更便利;2.进一步补充更新资源库内容,让资源库可持续优化更新,满足不断发展的课程需要和不断进步的时代需求。

食育资源库从无到有,从有到优的历程也是幼儿园食育课程研究发展历程的缩影。

（二）食育资源库的分类特点

　　食育资源库的内容丰富多样、包罗万象。确定一个既能涵盖全部内容，又能持续细分优化，还能不断补充更新的分类维度并非易事。课题组经过持续讨论和反复论证，将收集到的所有已有食育资源根据特征分析归类，将食育课程正在进行的项目和原有的食育资源一一匹配。最终发现，幼儿园的食育资源虽然细碎繁多，但是，所有资源都以幼儿为中心，教育教学类的活动支持幼儿参与实践尝试，获取知识经验，从而在认知、能力、情感上获得全方位发展；保育保健类的工作保障幼儿健康生长，也为食育课程的有效实施提供支持。可见，教育教学活动和保育保健工作是食育资源的两大重要来源：在有关食育的教育教学资源中，有以幼儿园为主体，幼儿和老师同伴共同开展的幼儿在园食育资源，也有以家庭为主体，幼儿和家人亲友共同开展的家庭食育资源；而有关食育的保育保健资源中，营养保健资源为幼儿提供各种菜肴点心和食物原料，让孩子们在吃吃、看看、闻闻、摸摸、做做的过程中积累经验，获取营养；保育照护资源为孩子们的各种活动提供支持，在食育过程中照护照料好孩子的同时，也指导孩子们自我服务、自我照护。

　　"幼儿在园活动资源""家庭食育资源""营养保健资源""保育照护资源"这四个类别的资源中有我们多年实践的积累，有我们对饮食教育的深入思考，体现了食育资源的教育性。这四个类别覆盖了幼儿园食育课程所涉及的方方面面，也为未来食育资源的不断丰富留出空间，体现了食育资源的全面性。这四个类别可以满足教师、家长、营养员、保育员等开展食育活动的各类人群的需要，便于查找和参考，还体现了食育资源的实用性。于是，这四个类别成了当仁不让的食育资源库一级分类维度。

　　在此基础上进一步细分的二级、三级分类维度，则更关注食育资源的细化和深化。食育资源库的分类纬度兼顾了广而深的原则，为后续资源的进一步扩充和丰富打下了良好基础！

（三）食育资源库的作用价值

　　幼儿园食育资源库汇集了各类营养菜谱、食育小道具、食育环境、食育活动方案、食育活动案例等食育素材到特殊体质儿童的指导、家庭食育指导、食育中的保育指导等食育策略的众多资源。这些资源经过梳理、分类、组织，聚集到一起，为家长、教师、同行们查阅、参考、使用提供了便利。

食育资源库的构筑为有效支持食育课程实施落实，有效帮助教师家长开展食育，有效促进幼儿身心健康和全面发展起到了积极作用。

1. 食育课程的重要保障

食育资源库和食育课程之间有着相辅相成、互相支持的共赢关系。食育课程作为资源库资源的主要来源，为食育资源库资源的补充、丰富、更新提供支持；而资源库既为食育课程的有效开展提供内容和方法，又为食育课程的不断发展提供了基础和保障。以营养食谱为例，资源库中积累的以往食谱保障了孩子们的每日膳食营养摄取，而营养师和营养员们还会在原有食谱基础上进行改良，设计出更加丰富且符合幼儿口味的餐点，进一步完善和优化食谱，也让资源库的食谱资源更加多样化。

2. 家长教师的食育指南

从教育者的角度来说，饮食不仅是孩子生长发育的刚性需求，也是极具价值的教育资源。家长们和老师们非常需要得到食育方面的指导。食育有哪些内容？什么样的菜肴孩子会喜欢？吃的过程中家长和老师应该如何引导？食物背后的故事、餐饮之中的文化如何让孩子了解？……这些家长和老师的疑惑都可以在食育资源库中找到参考和指导。为家长们在家庭中开展食育、教师们在幼儿园中开展食育提供了素材，也提供了指南。

3. 幼儿成长的有力支持

食育作为幼儿全面发展教育的有效途径之一，它不仅仅承担着造就孩子健康体魄的重任，同时也兼具着培养孩子劳动意识、激发孩子尝试探索、养成孩子礼貌习惯、促进孩子文化修养等重任。食育资源库中的营养食谱、食育小道具、食育环境等为孩子们的身体健康成长、实践探索提供内容；家庭食育指导策略、特殊体质幼儿指导、食育活动指导等为支持孩子们的尝试、认知、体验、学习提供方法。孩子在与各类食育资源的互动中，在各种食育策略方法的指导下，获得新知、拓宽视野、积累经验、提升能力，在美食的陪伴下快乐成长。

（四）食育资源库的应用指南

食育资源库的设立为幼儿、家长、教师及相关人员开展食育提供了丰富的资源和

有价值的参考。虽然资源库的内容丰富，门类清晰，但是在使用过程中仍有一些值得关注的要点：

1. 综合运用，事半功倍

食育资源库的分类清晰，但各类别之间并不是互不相关的，它们相辅相成、互促互进，有着千丝万缕的联系性。所以，在资源库的使用中不建议将各类别割裂看待。

2. 因人而异，因地制宜

食育资源库的使用还需要考虑到不同园所、不同活动和不同的人员。每个幼儿园、每个家庭、每个孩子都有不同的特点，资源库的食育资源可以给园所、家庭提供参考，但是在实际运用中还是要结合各自的需求和特点灵活使用，调整使用，才能起到良好的效果。

二、丰富、创意、实用——解读幼儿食育资源库

食育资源库如同一座有无限存储量的大仓库。"幼儿在园活动""家庭食育""营养保健""保育照护"这四个一级分类类别就如同仓库里的四个大房间。一级分类维度下的二级分类，就是每个房间根据各自特点和需求分类归置的货架；货架上有进一步分类归置的货箱（即二级分类下的三级分类），货箱可以根据货物的种类和数量增加；货箱里的货物就是食育资源库里的各种资源，源源不断入库的新货物根据其不同的特点放进不同的房间、不同的货架，它们有的可以替换原有货箱里的陈旧货物，还有的可以放进新的货箱。就这样，资源库在一级目录的基础上进一步细分，而随着幼儿园食育经验的持续积累，食育资源将不断增加，资源库也将在不断更新、替换、补充的过程中升级丰富，形成一种良性循环。

（一）幼儿在园活动资源①

"幼儿在园活动"这个大房间里有"日常活动"和"专题活动"两个货架。"日常活动"聚焦幼儿的日常生活，如：幼儿每日的两点一餐、每月组织的自助餐活动"小

---

① 本内容由薛哲明撰文。

鸽子餐厅"等;"专题活动"针对我园课程体系下的各种专项活动,如:节庆活动、劳作活动、社团活动、实践活动,以及主题下与食育相关的各种活动。

表 4-10　幼儿在园活动资源索引

一级分类	二级分类	三级分类	索 引 目 录
1 幼儿在园活动	1.1 日常活动	1.1.1 每日餐点	1.1.1.1- 幼儿餐点指导策略
			1.1.1.2- 每日餐点环境设计
		1.1.2 小鸽子餐厅	1.1.2.1- 小鸽子餐厅运行方案
			1.1.2.2- 小鸽子餐厅实施计划及反思
	1.2 专题活动	1.2.1 节庆活动	1.2.1.1- 中国传统节日
			1.2.1.2- 自创特色节日
		1.2.2 劳作活动	1.2.2.1- 小厨房
			1.2.2.2- 种植园
		1.2.3 实践活动	1.2.3.1- 中班好吃的色拉
			1.2.3.2- 元祖蛋糕工厂实践体验日活动
			1.2.3.3- 巧克力乐园参观活动
			1.2.3.4- 孙桥农业基地参观实践活动
		1.2.4 社团活动	1.2.4.1- 小农庄
			1.2.4.2-Steam 社团
		1.2.5 主题活动	1.1.5.1- 集体教学活动
			1.1.5.2- 其他活动
			1.1.5.3- 主题环境

1. 日常活动

在"日常活动"这个二级类别货架上,目前有"每日餐点""小鸽子餐厅"两个三级类别货箱,每一个货箱里都有相应的资源货物。

在"每日餐点"这个货箱里,有针对不同年龄段幼儿餐点指导方面的实践小妙招(1.1.1.1- 幼儿餐点指导策略),每一个指导策略都包含教师的前期准备,过程中的

指导方法以及注意事项等，极具实用性；还有针对各年龄段幼儿设计的食育环境方案（1.1.1.2- 每日餐点环境设计），每一个食育环境设计方案都包含设计思路和环境图片，直观且具有启发性。

小鸽子自助餐厅是食育课程中的一项常规活动，每月一次。在医教结合的背景下，课程部携手营养保健部门、教育部门共同设计和开发，初步搭建了自助餐厅运行方案，形成自助餐厅运行的流程与反馈机制。在"小鸽子餐厅"这个货箱里，有每月幼儿自助餐活动的全园运行方案（1.1.2.1- 小鸽子餐厅运行方案），也有各主题的实施计划和反馈（1.1.2.2- 小鸽子餐厅实施计划及反思）。这是一个自上而下的完整活动体系：全园运行方案由课程部设计；保健室、营养室协同合作，在课程部活动方案和班级活动计划基础上制定菜谱、烹饪美食，提供物质上的支持；年级组和班级教师针对不同年龄段幼儿特点设计活动计划、布置活动环境，和班级幼儿共同开展"小鸽子餐厅"活动并对活动效果进行反馈和研讨。这一系列资源为如何在学前阶段开展此类型活动提供了很有价值的范例。

以下是"小鸽子餐厅"十月围绕"秋天午餐会"这一主题，根据不同的年龄段幼儿设置的相应目标。各年级组的"小鸽子餐厅"活动计划围绕不同年龄段的目标来设计，体现出不同的年龄特点。

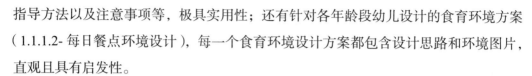

十月主题：秋天午餐会

大班：喜爱"小鸽子餐厅"的活动形式，尝试自主规划进餐，感受轻松、愉快、自主的氛围。探索和感知有秋天季节特征的食物，共同参与菜谱制定。

中班：喜爱"小鸽子餐厅"的活动形式，愿意自选进餐伙伴，在轻松、愉快、自主的氛围中进餐。尝试自选餐食，感知有秋天季节特征的食物。

小班：感知"小鸽子餐厅"的活动形式，喜欢在轻松、愉快、自主的氛围中进餐。

十月的小鸽子餐厅围绕食育课程中的探索目标，引发幼儿在季节背景下感知和了解食物那些事，比如秋季丰收的食物、秋季适合吃的食物，从中体验人与自然之间的关系，丰富幼儿对食物全方位的了解，提升幼儿探究食物的兴趣。

"秋天午餐会"-小鸽
子餐厅小班（2022....
13.7K
微信电脑版

"秋天午餐会"小鸽
子餐厅中班（2022....
13.6K
微信电脑版

"秋天午餐会"小鸽
子餐厅大班（2022....
14.4K
微信电脑版

各年级组"秋天午餐会"计划

秋天午餐会

2. 专题活动

在"专题活动"这个二级分类货架上，有"节庆活动""劳作活动""实践活动""社团活动""主题活动"五个三级分类货箱。这五类活动均为我园特色课程"生存"课程框架下的子课程，其中和食育相关的内容就成了食育课程的一部分。可见，幼儿园的课程与课程之间并不割裂，它们是相互包容、相互联系的。这些专题活动资源通过设计、实施、反思、案例等形式呈现，为教师和其他幼儿园开展类似活动提供借鉴和参考。

节庆活动中的食育常常和传统节日的特别美食相关联，如：元宵节的汤圆、端午节的粽子、春节的年夜饭等，孩子们可以通过美食了解传统佳节和传统文化；节庆活动中的食育也通过幼儿园自创特色节日来实现，如：幼儿园自创的"世界美食节""中国美食节""上海美食节"等。这一类别的食育资源突出食物与地域、食物与文化的关系，通过一些极具特色的食育方案和案例，为幼儿园教师在节庆活动中开展食育提供支持。

如："自创特色节日"中的"上海美食节"里有一个"沪语吃播秀"宣传活动，通过视频的方式向小朋友们介绍上海特色小吃背后的故事。通过这一波宣传，让还没有正式开展的"上海美食节"一下子火了起来。以下是对"沪语吃播秀"的简要介绍。

美食节为我园传统保留活动，融合食育课程后的美食节，承载了发扬上海传统文化的目标。为此，我园开展了精彩纷呈的"上海美食节"食育活动。在花样繁多、品种各异的点心中，将选择权交给幼儿，通过投票的方式，选出他们最想品尝的几道上海美食，融入日常菜单。自主选择过后的医教结合，让孩子在食物里寻找美食的源远流长。

"沪语版吃播秀"的形式第一次被运用在食育课程中，小主持人用本地方言介绍美食，营养师萱萱姐姐的讲解，通过视频播放的方式，在幼儿餐前上了生动的一堂课，如：小笼馒头的起源在哪里，小绍兴鸡粥的复杂工序，上海人过年一定要吃的三丝春卷。"吃播"视频的形式有效地调动了孩子们的积极性，在活动开始初期激发大家对上海美食的兴趣，以便于后期教师、家长们带着孩子深入了解上海美食背后的文化内涵，拉开了"上海美食节"的序幕。

（案例撰文：沈尔萱）

"沪语版吃播秀"视频资料

　　劳作活动中的小厨房活动和种植园活动是落实食育课程的重要途径。以集体教学活动形式为主的小厨房资源由教学活动计划、教学活动课件和教学活动案例等构成；以班级项目化学习方式落实的种植园资源以活动方案、实施案例的形式呈现。对于一线教师来说，这样的资源拿来就能用，非常方便。

　　以下是小厨房资源中的一个教学活动案例《卡通汤圆》：

　　活动开始时，老师出示一张 PPT 让幼儿观看今天制作的内容——卡通汤圆，探索制作卡通汤圆的方式是幼儿跟着 iPad 制作，幼儿对制作卡通汤圆很期待。当幼儿自主探索制作完成一个卡通汤圆之后感觉轻松了，原来制作卡通汤圆没有那么难，幼儿有了制作卡通汤圆的自信心和成功感。最后幼儿开始自发创作种种不一样的卡通汤圆——甜甜圈汤圆、美人鱼尾汤圆、兔子汤圆等各式各样的汤圆被幼儿信手拈来。

　　幼儿制作卡通汤圆时都十分投入，每个幼儿基本都做了2—3个卡通汤圆。如果不是材料用完了，幼儿根本不想停下手来，制作的劲头还是很大的。下午孩子们起床就惦记着上午小厨房制作的卡通汤圆，有的孩子还在吃干点，看到其他小朋友先品

尝起卡通汤圆，就问：什么味道，好吃吗？感觉人家吃和自己吃是一样的。有的还催促着：快点品尝呀。幼儿非常喜欢吃卡通汤圆，看人家品尝也是喜悦的。小组合作制作卡通汤圆就是大家的，你吃我吃都一样，大家一起分享。小厨房最大的魅力在于"吃"，但是这次卡通汤圆孩子更关注于分享。

（案例撰文：尹彩芬）

　　实践活动是孩子们走出校园去实践和体验的各类活动。如：在元祖蛋糕工厂的实践体验日活动中，孩子们观摩了蛋糕生产线上的蛋糕生产流程，还亲手制作了裱花鲜奶蛋糕；在孙桥农业园里的观摩活动中，孩子们参观了各种蔬果的生长环境，了解了日常吃到的食材背后的故事。实践活动开阔了孩子们的眼界，丰富了孩子们关于食物的认知，也让孩子们在参与和实践的过程中对食物产生更大的兴趣。实践活动资源以活动方案、活动反馈、活动照片资料等形式呈现，为教师在实践活动中开展食育提供直观好用的资源。

　　社团活动是幼儿园为幼儿营造出的一片"我的世界我做主"的真实天地，支持幼儿实现自主选择活动的愿望。其中，小农庄社团、STEAM 社团中的"蔬果超市""披萨店"项目等也是食育课程的内容。食育资源库中的"社团活动"资源包含了"小农庄"社团的活动方案和相关资料、STEAM 社团中相关项目活动的方案和相关实践资料。随着社团活动的拓展和丰富，与食育相关的社团活动资源也在不断丰富的过程中。

　　主题活动中的食育和主题本身的特点相关，如：中班"好吃的食物"这一主题就是非常契合的食育载体；大班主题"春夏秋冬"中也包含了和季节相关的美食内容。主题活动的形式丰富多样，和食育相关的主题活动资源也是丰富多样的，有集体教学活动资源、有个别化活动资源、主题环境资源等，各个年龄段和食育相关的主题活动资源为教师开展主题活动和食育活动提供了选择和参考的余地。

（二）幼儿家庭食育资源 [①]

　　"家庭食育资源"这个大房间里也有两个货架："家庭中的食育"和"家庭外的食育"。食育课程为家庭食育设计了丰富多彩的活动，也积累了大量丰富的资源。

——————————

　　① 本内容由刘水撰文。

表 4-11　家庭食育资源索引

一级分类	二级分类	三级分类	索 引 目 录
2. 家庭食育资源	2.1 家庭中的 食育	2.1.1　小鸽子美食云课堂	2.1.1.1- 美食沙龙活动集
			2.1.1.2- 家庭美食分享汇
		2.1.2　家庭美食故事会	2.1.2.1- 福爸福妈讲故事（家长）
			2.1.2.2- 小鸽子讲故事（幼儿）
		2.1.3　居家饮食文化课	2.1.3.1- 家庭用餐礼仪教育（视频）
			2.1.3.2- 家庭饮食教育小攻略（案例）
			2.1.3.3- 我家的味道（视频＋案例）
	2.2 家庭外的 食育	2.2.1　中华美食吃播秀	2.2.1.1- 上海特色点心（视频）
			2.2.1.2- 中国地方特色菜（视频）
		2.2.2　中华美食微课堂	2.2.2.1- 舌尖上的中幼：美食探寻集
			2.2.2.2- 美食的来源：食材探寻集

1. 家庭中的食育

"家庭中的食育"这个货架上包含了在家庭环境中开展的各类活动，有交流厨艺烹饪大法的"小鸽子美食云课堂"，有孩子和家长分享美食故事的"家庭美食故事会"，还有家庭餐桌礼仪文化教育系列活动"居家饮食文化课"……

"小鸽子美食云课堂"多年来一直承载着广大家庭对美食制作的热爱。其中的"美食沙龙"活动邀请广大家长走进校园，和幼儿园的厨师一起交流经验，现场制作品尝美食。细心的营养师会事先记录下孩子们自主投票评选出的最喜欢的幼儿园菜品，通过展示适合不同年龄段幼儿美食制作的要点、制作的过程，讲解营养配比、烹饪技巧以及孩子们在园的饮食生活情况，让家长们深入了解为什么孩子喜欢这些菜，怎样在家里也能做出孩子喜爱的菜，留住童年记忆中的美味。而"家庭美食分享汇"活动则邀请担任家庭大厨的家长们分享私房菜制作，每一期围绕不同主题，家长大厨们切磋技艺，交流经验。"小鸽子美食云课堂"积累了丰富的菜品菜谱、活动案例，为适合孩子的家庭美味提供支持。

"家庭美食故事会"中，有家长讲给孩子听的美食故事，也有孩子们自己讲的美

"小鸽子美食云课堂"现场图

食故事。"福爸福妈讲故事"邀请爸爸妈妈给孩子讲美食，激发孩子对美食和饮食文化的兴趣；"小鸽子讲故事"由孩子自己讲述美食的故事。其中，除了书本上找到的美食故事以外，也不乏家庭成员共同创作的美食故事。在讲故事、编故事的过程中，家长和孩子建立起更紧密的亲子关系，同时也帮助孩子提高了语言表达能力，润物细

【编故事新年特辑】和妈妈一起讲那过年的故事—打年糕（中一班陆昇）

来自 小鸽子宝宝 小鸽子讲故事

2019-02-24 08:00

故事背景

过年吃年糕是我们江苏老家的习俗。为了让孩子知其然，更要知其所以然，今年的春节，我们特意带孩子体验了古法制年糕的全过程。趁这次编故事的机会，也陪同孩子一起回忆、总结了制作年糕的时我们学到的知识，并将学到的知识通过讲故事的方式表达出来，与小朋友们一起分享。

编故事感受

把故事编好不易，整个过程需要反复修改，对孩子和家长来说都是一个不小的挑战。很开心，我们战胜了自己，也收获了满满的成就感，更开心的是，在编故事活动结束后，孩子喜欢上了编故事的这一活动，这几日一直在叨叨编故事的事情，对于讲故事这件事情，明显变得更自信。感谢小鸽子讲故事的平台！

"小鸽子讲故事"微信推送

无声地将饮食文化浸润到孩子的心田。这些资源通过微信推文的方式被保留下来，成了家庭食育资源的宝贵财富。

"居家饮食文化课"介绍了家庭中所遵循的用餐习惯和用餐规则。俗话说"没有规矩，不成方圆"，餐桌上的规矩往往反映出一个人的文化和修养。上好家庭餐桌文化这一课，不仅对孩子的饮食习惯培养和健康成长有着重要的作用，也对孩子良好素质和修养的形成有着深远的影响。"居家饮食文化课"通过小视频和案例的形式交流分享家庭食育好方法，为家长在家庭中开展食育提供了绝佳资源。

"居家饮食文化课"视频分享

2. 家庭外的食育

"家庭外的食育"这个货架上提供了利用社区资源或公共资源开展的家庭食育活动。如："中华美食吃播秀"活动中，家长带着孩子在大饭店、小吃摊、点心铺……探寻城市中的美味、揭秘食物背后的文化。"中华美食微课堂"活动中，家长带着孩子来到超市、菜场、农庄……探寻食物的来源，以"食材"为媒介开展实践探索，培养幼儿逐步形成珍惜食物的情感和与自然和谐相处的生活态度。

"中华美食吃播秀"通过自媒体平台不仅分享了解美食文化，还提供了一种全新的美食体验和视觉享受。目前，"吃播秀"这一类别中已经拥有"上海特色点心"和"中

杜师傅 湘菜有什么特点呀

中华美食吃播秀

华地方特色菜"两个系列近百个视频。越来越多的家长和孩子纷纷参与到"吃播秀"活动中，将自己对美食的发现通过视频记录下来，让更多大朋友、小朋友了解和热爱中华美食文化。吃播秀视频资源能够帮助幼儿、家长、老师和食育相关人员拓宽眼界、开拓思路，从而进一步提升对美食文化的兴趣，为食育的有效开展提供了支持。

在"美食节"活动中，大班的每个班级都通过投票的方式选择了一个菜系进行研究。大三班的小女生小美根据班级湘菜主题展开了对湘菜的寻源之旅。为了让小美深入了解湘菜文化，爸爸妈妈特地为小美从网上买来了湖南当地土家族的服装。周末，爸爸妈妈带上盛装的小美来到了一家主打湘菜的餐厅。小美第一次品尝到了真正的湘菜，还向大厨请教了湘菜的特点。虽然，辣辣的味道让小美不太适应，但是，这一次的经历给小美留下了深刻的印象。对于湘菜和湘菜文化有了真切的了解。小梅表示：尽管湘菜的味道她不太喜欢，但是，吃湘菜的土家族打扮很漂亮！湘菜的故事也很有意思！

（案例撰文：何煜）

"中华美食微课堂"通过展现食物制作过程的"舌尖上的中国"系列微课和展现幼儿实地采摘种植过程的"美食的来源"系列微课，向人们介绍美食和美食背后的故事。

（三）营养保健资源 [①]

营养膳食对幼儿生长发育起着至关重要的作用。"营养保健资源"这个类别的房间里有幼儿园幼儿食谱制定的独家秘籍，还有让孩子爱上食物的烹饪小技巧。是想要让孩子吃饱、吃好、吃出健康的营养保健人员和家长们决不能错过的资源。

表 4-12　营养保健资源索引

一级分类	二级分类	三级分类	索　引　目　录
3.营养保健资源	3.1　食谱制定	3.1.1　食谱搭配原则	3.1.1.1　常规食谱搭配原则
			3.1.1.2　特殊幼儿饮食搭配原则
		3.1.2　不同年龄段的食谱集	3.1.2.1　托/小班食谱集
			3.1.2.2　中/大班食谱集
	3.2　烹饪技巧	3.2.1　常规食物烹饪小技巧	3.2.1.1　食物去腥小技巧
			3.2.1.2　食物混搭小技巧
			3.2.1.3　食物变嫩小技巧
		3.2.2　讨厌的食物变形记	3.2.2.1　蔬菜变变变
			3.2.2.2　菌菇巧变身
			3.2.2.3　寻"禽"记（鸡鸭牛羊）
			3.2.2.4　爱上"海"的味道

1. 食谱制定

"食谱制定"这个二级分类货架上，为大家提供了食谱的搭配原则（包括常规和特殊幼儿的饮食搭配原则）和不同年龄段的食谱集。《3—6岁儿童学习与发展指南》指出："幼儿阶段是儿童身体发育和机能发展极为迅速的时期。为有效促进幼儿身心健康发展，成人应为幼儿提供合理均衡的营养。"如何才能为幼儿提供合理均衡的营养，我们需要注意哪些方面？这个货箱中有满满干货。

在食谱搭配原则这个三级分类货箱中，保健医生通过文字介绍的方式对幼儿阶段的食物搭配方法和注意事项作了相当实用的讲解。

如：在介绍为什么要粗细搭配，以及如何在膳食中落实"粗细搭配"原则时，保健医生有理有据地给出了如下解释：

---

① 本内容由陈寅撰文。

随着农耕文明进步，食物种类丰富，粗粮逐渐式微。其实，米面越精越白，其所含 B 族维生素越少。而加工过程简单的粗粮，B 族维生素含量丰富，但感官性状差，消化吸收率亦相应下降。幼儿食谱中为了平衡膳食，会增加粗粮食用率，针对口感差、消化率低这一现象，粗粮细作应运而生。翡翠原石包、紫薯豆沙包、黄豆刺猬包等形状可爱、色彩丰富的粗粮点心完美融合，兼具了粗粮丰富的 B 族维生素又升级了口感，提高了消化率，更适合幼儿食用。孩子在这个过程中慢慢接受粗粮，在粗细粮搭配上自由选择，从而得到营养素的互补。

（资料编写：蒋菲）

而在介绍"米面搭配"原则时，保健医生对于主粮的作用和让孩子爱上主食的策略给出了这样的建议：

主食在幼儿食谱中有不可动摇的地位，主食中的碳水也是所有营养物质的基础。我园在保证幼儿摄入规定量主食的前提下，让幼儿对主食有选择，同时这种方式还可以帮助托小班幼儿适应焦虑情绪带来的进餐困难。主食选择中，提供一份米面、两份点心的选择。点心师用蔬菜的天然颜色来调配，用菠菜汁、胡萝卜汁、紫薯色来制作色彩丰富的迷你小点心来吸引孩子的眼球。愉快进餐的动力是幼儿吃完饭可以选择自己喜爱的小点心，形态可掬的点心也是对付那些哭闹孩子的法宝。对于胃口欠佳的幼儿，米面搭配起到了碳水互助的作用，此消彼长，保证幼儿摄入足量的碳水。

（资料编写：蒋菲）

此外，针对一些特殊体质的儿童，如：贫血、肥胖、营养不良等，在饮食搭配上也有奥妙。

例如：因铁元素缺乏而发生营养性贫血的儿童，含铁丰富吸收率高的鸭肝无疑是餐食首选。但内脏腥味较重，孩子不喜欢吃，该怎么办呢？营养员们想到了用孩子喜欢的水果来搭配：猕猴桃酸甜可口、维生素 C 含量高，可入菜。这两个看似毫不相干的食材，巧妙结合，成了一道完美的菜肴——酸甜鸭肝。猕猴桃里的维生素 C 能使食物中的铁更容易被人体消化吸收，中和鸭肝腥味，增加清新酸甜，它们互为增益，增加铁摄入，实现防治贫血的目的。

（资料编写：蒋菲）

"不同年龄段的食谱集"里收录了幼儿园托 / 小 / 中 / 大各年龄段一年四季的食谱。

每份食谱都经过仔细考量，旨在为不同年龄段幼儿提供适合他们并营养均衡、种类丰富的食物。

表 4-13　托班一日食谱

早点	牛奶 抹茶花生碎杏仁方饼 葡萄干小圆饼 咸淇淋
午餐	荞麦米饭 小馄饨 茄汁虾仁碎 清炒米苋碎 迷你缤纷山药 （胡萝卜　黑木耳　青豆） 毛菜肉皮汤
水果	猕猴桃
午点	椰汁水果西米露 鞋底酥

以托班一日食谱为例（见"托班一日食谱"）：托班幼儿的食谱制定以六大搭配原则为框架，包括米面、干湿、咸甜、粗细、荤素、动物蛋白与植物蛋白。同时，寻找多样化、多结构食材，进行多品种、小分量搭配。基于此，将"两菜一汤"的配置升级到"三菜一汤"，在蔬菜供应总量不变的前提下，提供 2 个蔬菜，并将每个蔬菜供应量减半，多种食材混合烹制，鼓励幼儿少量多品种尝试。此外，由于托班幼儿咀嚼能力、胃肠功能、消化代谢能力尚未成熟完善，在食物制作过程中荤菜制成糕或茸蒸熟后切细丝、小片、小丁，去骨去刺煮软；扁桃仁、花生打碎后制成馅料或拌入面粉做点心；茄瓜类去除外衣，只留内里；菌菇类一律剔除其根部。

综上，一份制定完善的菜谱应注意色、味、形，考虑食物烹调效果和外观形象，促进幼儿食欲，尽可能保存食物中营养素。

（资料编写：王佳怡）

2. 烹饪小技巧

要让孩子吃饱、吃好、吃出健康，科学合理的搭配是基础，营养员的烹饪技术是关键，深入分析食谱中食材特性，才能不断提高幼儿膳食质量。"烹饪小技巧"这个

二级分类货架上的资源凝聚着保健医生和营养员的智慧结晶。

很多常规食物（如：肉类、蔬菜、菌菇等），对于幼儿来说却常常难以下咽。这是因为幼儿的咀嚼、吞咽等机能尚未发育健全，一些质地坚硬、纤维素长的食物如果按成人菜肴的做法，孩子就会嚼不动、咽不下、消化不了、吸收不透。

比如：牛肉的肌肉纤维韧性强、肉质老，因此，许多孩子不愿吃牛肉。但是，牛肉中含有丰富的蛋白质，氨基酸组成接近人体需要，能提高机体抗病能力，对生长发育有促进作用，是幼儿餐桌上必不可少的佳肴。于是，营养员们专门研制出一整套烹饪牛肉的攻略：一是攻坚，把牛肉去除筋膜打成牛肉泥，让难以咀嚼的牛肉变"嫩"；二是优化，把牛肉泥制成肉茸，蒸熟后切成小牛排、牛肉丁等不同形状；三是美化，根据牛肉的不同形状，配上不同颜色、不同口味的时蔬，如山芋、洋葱、青椒等，让牛肉"秀色可餐"，激发幼儿的食欲。

（资料编写：曹娟）

还有一些食物，由于颜色、口感、气味、质地等有自身特点，如：茼蒿菜、韭菜有特殊的气味；黑木耳、香菇有深深的颜色；山药、秋葵吃起来有黏黏滑滑的口感；……这些常常被列入幼儿讨厌的食物黑名单。于是，营养员们开始围绕这些幼儿讨厌的食物开展研究和探索，通过改变性状，巧妙搭配，把黑名单里的食物变得让幼儿"爱不释手"，将小众化的食材变成"脍炙人口"的美食。

如："韭菜汁干贝炒饭"就是"幼儿讨厌的食物变形记"资源中的代表之作：韭

"韭菜干贝丝炒饭"图片资料

菜营养价值极高，含有的纤维素可以促进肠道蠕动，有"洗肠草"的美誉。但是它特殊刺鼻的气味，间或需要咀嚼的口感着实不讨幼儿喜爱。如何在保留韭菜原汁原味的同时，又能让幼儿接受喜爱？经过一番探索，营养员们想到把韭菜打成汁，减少韭菜刺鼻的味道，同时配合软糯的米饭，放入鲜甜的干贝丝，加入少许调味，炒制出锅。一道色泽碧莹透亮，口感清淡鲜甜，适合幼儿食用并受到幼儿欢迎的菜肴就此诞生。

（资料编写：张薇）

又如："五彩腰花"也是一道成功脱离讨厌食物黑名单的美味佳作。猪腰子这种食材因为鲜少出现在家庭的餐桌上，幼儿对这个食物比较陌生，同时也因为猪腰很难处理，稍微处理不好就容易有臊味，幼儿对其接受度不高。但是猪腰中含有铁、锌、铜、磷、维生素 B 族、维生素 A、维生素 C、碳水化合物、脂肪、蛋白质等营养物质，可以起到补虚、增强机体免疫力的作用。为此，中幼厨师先用黄酒和啤酒浸泡猪腰，再用手撕去黏附在猪腰表面的油脂（此为关键），再把猪腰拌和、捏挤，用水漂洗两三遍，最后再用开水烫一遍，以此祛除猪腰臊味，最后改刀切花，洗净放入油锅爆炒，加入玉米、青红彩椒翻炒，增加食物的色彩度。小朋友们被这道色彩丰富、五彩亮丽、营养价值高的腰花深深地吸引，勾起了食欲，咬上一口腰花，肉质细嫩，汁水四溢，没有任何奇怪的味道，小朋友都吃得津津有味。

（资料编写：张薇）

"五彩腰花"图片资料

　　以上这几个小案例仅仅是营养保健资源中的冰山一角，想要了解更多巧妙且实用的食物搭配和烹饪资源，欢迎到食育资源库"营养保健资源"中一探究竟。

（四）幼儿保育照护资源 ①

　　保育照护工作也是食育的重要内容：孩子挑食，这不吃、那不吃怎么办？孩子吃饭不专心，一边吃、一边玩怎么办？如何帮助孩子养成饭前洗手、饭后漱口的好习惯？……相信这些问题是很多家长、老师都感兴趣的。"保育照护资源"这个房间里装着两个二级分类货架，分别是：幼儿在用餐饮食中一些"典型问题"的解决方案和案例；以及进餐的材料工具和环境在"食育操作"过程中的作用和妙用。

表 4-14　保育照护资源索引

一级分类	二级分类	三级分类	索 引 目 录
4. 保育照护资源	4.1 典型问题解决	4.1.1 习惯问题	4.1.1.1-"不爱吃"问题案例及问题解答
			4.1.1.2-"不专注"问题案例及问题解答
		4.1.2 能力问题	4.1.2.1-"不会吃"问题案例及问题解答
			4.1.2.2-"不卫生"问题案例及问题解答
	4.2 隐性食育指导	4.2.1 工具材料	4.2.1.1-奶壶的秘密 -N 种不同奶壶的妙用
			4.2.1.3-公共盘子的 N 种使用方法
		4.2.2 进餐环境	4.2.2.1-进餐环境创设导读
			4.2.2.2-进餐环境创设案例集

1. 典型问题解决

　　"吃"是人生大事，俗话是"人是铁，饭是钢，一顿不吃饿得慌。"但在学龄前的孩子身上却会出现各种各样和"吃"有关的问题。这些问题归根溯源可以归纳为"习惯问题"和"能力问题"两大类：

　　"习惯问题"中，"不爱吃"和"不专注"这两种情况最普遍。那么，孩子为什么不爱吃，又如何才能让他们专注吃呢？解决的方案在资源库里通过案例的方式列举了不少。

---

　　① 本内容由何雯隽撰文。

如：吃饭不专注是很多孩子身上都有的问题：吃饭说话、坐不好、玩（饭、汤、筷子、勺子）、跷椅子、抖腿、发呆……不专注的表现各种各样，解决的方法自然也要因人而异。下面这个案例中的琳琳就是一个典型的代表。

琳琳是个活泼可爱的女孩子，运动、学习也都很积极，但是她有一个大难题——进餐。午餐时间到了，琳琳坐在餐桌旁，要么东张西望，要么对着饭菜发呆，要么就一口饭含在嘴里好长时间都不咽下去，……以前，保育老师总是以提醒、督促的办法想让琳琳专注吃饭，可是效果一直不好。于是，这学期老师想了个新办法——倒计时法。老师给琳琳准备了一个小小计时器，根据琳琳平时的进餐速度，逐步提高要求。刚开始时，根据原有速度提前 5 分钟，如果做到了，就再加快 1 分钟。有了小小计时器的助力，琳琳的速度慢慢提升了，和其他小朋友的差距逐步缩小。每次琳琳打破进餐新纪录，老师就会给琳琳一个小奖励。让她成为当天睡前故事的点播员，选一个她喜欢的睡前故事和大家分享。这个循序渐进的方法非常奏效，琳琳有明显进步。经过了一学期的努力，琳琳进餐的专注力明显提升，还知道了进餐是有时间限制的，吃饭时东张西望、发呆，不但影响进餐时间，吃了凉了的饭菜还会对身体不好。

（案例撰文：骆家旖）

除了案例以外，针对不同的问题，我们还有专业人士的问题解答。如：孩子不爱吃某种菜总是有原因的，有的是因为孩子不认识这种食物，对于未知的食物，有的幼儿小心谨慎不敢吃第一口。对于这样的孩子，保健医生自有办法：

对于不敢尝试新品种食物的幼儿，老师们会通过不同的办法来帮助幼儿们增加对食物的了解，解除他们心里的顾虑，并引发他们尝试的愿望。首先是通过图片和绘本，让幼儿们对于食物的名称和长相有最基本的认识。然后是通过班级内的植物角和学校里的菜园播种，幼儿们可以参与到蔬果从播种期到最后成熟期的完整生长过程，在这个过程中幼儿们通过浇水、摸、闻、观察比较蔬果的生长过程中的不同之处，提高兴趣。最后长成的蔬果在特色小厨房的活动中，幼儿们通过自己动手制作和品尝，彼此之间分享成果做出来是什么样子，吃到嘴里是什么味道，成就感满满。

这样幼儿对于没有接触过的食物会充满期待，也会更愿意自己主动尝试新的食物。

（资料编写：黄露莹）

"能力问题"也是阻碍孩子正常用餐的重要因素。如：有些孩子挑食并不是因

为不喜欢吃，而是因为不会吃。不会剥虾壳，所以不吃虾；不会吐骨头，所以不吃鱼；……这样的情况十分普遍。另外，工具使用上的一些问题也是孩子吃不好的重要原因。不会使用勺子、筷子导致吃饭的速度很慢；不会漱口导致出现蛀牙等。如何帮助孩子们锻炼手部肌肉的灵活性，提升自我服务能力，在资源库中也有很多好方法。

如：有的家长发现了一个奇怪的现象：老师说宝宝在幼儿园里总能把所有的饭菜都吃完，吃得特别好！但家里吃饭时候却总是吃不完，有时候菜吃进嘴里嚼了几口又重新吐了出来，这又是为什么呢？保健医生给出了专业的解答：

虽然 2 岁以上的幼儿饮食应逐渐向成人饮食过渡，但是幼儿的咀嚼能力偏弱、食量小。而家里的蔬菜基本以大人的饮食习惯的切配大小为主，导致幼儿在看到蔬菜的大小和量的时候，心里会产生害怕、抵触的情绪。校内饮食根据不同年龄段幼儿的咀嚼能力，蔬菜会切配成不同的大小：托班菜泥、小班菜碎、中大班菜块；肉类做成：托班肉糕、小班肉丁、中大班肉块。做成肉丸时也会针对不同年级幼儿制作成不同大小。每天餐食定量进班，由保育老师分餐给每位幼儿，幼儿看到自己盘中的菜量接受度更高。原本不爱吃蔬菜的幼儿愿意自己吃蔬菜了，而不喜欢嚼肉的幼儿看到肉丸也能轻松吃完。

（资料编写：黄露莹）

又如：正确的漱口方法需要学习，更需要巩固，还需要让孩子充分理解漱口的重要性。如何帮助孩子了解漱口的作用和漱口的规范方法，并逐步内化形成习惯。以下就有一个值得参考的小案例：

每天吃午餐的时候，很多小朋友都会争先恐后地当"第一名"，渴望成为班级里第一个吃完饭的孩子，Jason 也不例外。为了让自己能当上"第一名"，他总是嘴巴里还有最后一口饭没咽下去，就拿起了水杯来漱口。于是，饭菜和漱口水一起吐了出来，往往最后一口饭吃不进肚子，牙缝里的残留食物也没能漱干净。老师发现班上有不少小朋友都像 Jason 一样着急争先，不规范漱口。于是，在饭前特别和孩子们一起看了绘本《牙医怕怕》的故事，并用儿歌的方式让孩子们了解漱口的规范方法。吃完饭以后，还邀请漱口规范的孩子担任"小值日生"检查班级里的小朋友，一旦有不自觉完成漱口或者漱口不正确的孩子，要向老师汇报并且及时指导。通过这样的方式，渐渐地，Jason 学会了正确漱口，并且多次当上了"小值日生"来帮助老师检查其他小朋友的卫生习惯。

（资料编写：杨嘉灵）

不同的孩子可能有不同的饮食问题，不同的饮食问题也有不同的解决方案。"保育照护资源"里针对"典型问题"的解决策略丰富多样，相信总有一款适合你。

2. 隐性食育指导

食育课程中有显性的指导，也有隐性的指导。隐性的食育指导更多是通过对环境、材料、工具等精心设计选择，让它们在和孩子的互动过程中促进孩子的发展和成长。

如：一个小小的奶壶，就很有学问，它不仅仅是一个普通的餐具，更是食育中的隐性教具，锻炼了孩子的手臂小肌肉力量，也给了孩子自我服务的机会。

牛奶中含钙丰富，还含有维生素 D、乳糖、氨基酸等促进钙吸收的因子，钙吸收效率高，是儿童补钙的首选。早点环节，幼儿都要饮用牛奶，而每位幼儿需要在早点时喝的奶量根据他们的年龄而变化，托班、小班、中班、大班的牛奶量分别为 100 ml、120 ml、130 ml、140 ml。保育员老师们把牛奶从大壶中先倒入小牛奶壶中，再由幼儿自行倒入牛奶杯中。提供给托小班幼儿使用的牛奶壶的容量为 350 ml，与幼儿手部的灵活性与协调性以及力量相适应的，中班和大班使用的牛奶壶的容量分别为 600 ml 和 1000 ml。在倒牛奶的过程中，幼儿的手部肌肉和关节都可以得到锻炼，还能习得一些好习惯，如：双手将奶壶紧紧抓牢可以减少牛奶的泼洒。

牛奶壶大小的选择看起来只是早点中很小很平常的事，但是却根据不同年龄段幼

托班点心环境

儿的手部活动特点和力量大小而变化，让幼儿有了自我服务的机会，增强了孩子的自我服务意识，提高了他们的自理能力。

（资料编写：姚俪珏）

在食育课程的实施过程中，越来越多的小工具、小道具升级成为支持孩子成长和发展的教具，在日常和孩子们的互动中发挥着它们的教育作用。

进餐环境也是一位无声的老师，在食育过程默默地起着它的作用。每个班级都会根据本班孩子年龄特点、喜好等创设属于自己班级的进餐环境。美丽的环境给了孩子们美好的进餐心情，也提示着孩子们要做一个文明小食客，关注餐桌上的礼仪。

以下这个托班宝宝的案例告诉我们，尽管孩子小，他们依然能感受到温馨舒适的用餐环境带来的不同体验。

"老师，我喜欢在幼儿园吃早饭（点心），因为我可以和好朋友一起吃。""我们的桌子上有漂亮的小花。""我们的桌子上铺着我喜欢颜色的桌布。""大家在一起吃特别开心。"……最近早上来园，越来越多的家长会向我叮嘱，"老师，我们今天硬是不肯在家吃早饭，一定要来幼儿园吃。"一开始老师也很纳闷，为什么越来越多的宝贝不愿在家吃早饭了？后来经过一番调查询问才"破案"，原来孩子们喜欢上了在幼儿园吃早饭，有的还商量约好了第二天要坐在一起吃。老师在教室里精心布置了漂亮的桌布，在桌子中间摆放上了好看的小花，还会播放舒缓的音乐。在这样的氛围下和自己的好朋友吃着美味的点心，难怪孩子们会爱上这样的用餐环境和氛围，争相要到幼儿园吃早饭了呢！上图中的嫒宝妹妹早上为了赶上和朋友的约定——一起吃早点，急急忙忙连头发都没梳就出门了呢，看来在幼儿园里大家一起吃点心可真不错！

（案例撰文：何雯隽）

保育照护资源从显性的问题解决策略到隐性的环境餐具作用，向大家一一呈现了保育照护工作在食育中的重要性，也为广大家长、教师、保育员提供了丰富的参考资源。

目前，幼儿园食育资源库已经初具规模，资源库中的资源种类也越来越丰富。这是一个动态优化的资源库，也是一个将会不断更新迭代的资源库。随着幼儿园食育课程的不断推进，食育资源库的库存也将更加丰富、多样、多元！

第三节
食育举措：助力"健康儿童"

食育课题研究推进过程中，受到了多重因素影响：有食育课程设置影响——课程实施方案、课程制度等，有参与课程研究人员影响——教师、幼儿、家长、保育员、营养员、保健员等。具体而言，课题有效推进需要支持和帮助教师成为研究的领导者，提升教师主体性，促使教师成为有独立精神的研究主体。营养员、保健员在幼儿食育课程中功不可没，扮演着宣传并制作营养膳食的角色。幼儿更是食育活动的主体，任何一个环节，缺少了幼儿实质性的参与，都会让研究成为"空中楼阁"。一日三餐中，有两餐是在家中进行的，因此家长对食育课程的接纳及参与也至关重要。除了人的因素，食育中还包含自然因素影响，"北粳凉，南粳温"，同样是大米，南北秉性不同。因此，食育有效推进，必须思考将各因素有机结合，获得最大价值。接下来所呈现的五大原则和七大措施是我们针对"计划、行动、观察、反思"这一行动研究方式，不断实践后产生的行之有效的推进课题实施的举措。

一、有效推进食育课题实施的原则 [1]

食育中的原则是指实施食育时所依据的准则及宗旨，是指导一切食育活动的方向标。原则确立的出发点与落脚点是以幼儿为本，通过幼儿园、家庭等多方合作，激发幼儿在食育中主动生长的力量。在为期三年的课题研究中，我们总结出五大原则：科学性、整合性、一致性、个性化和真实性。

（一）科学性原则

科学性原则是指在食育课题实施时，我们判断和食育相关的物质材料、人员行

---

① 本内容由董炎撰文。

为、活动设计需以事实为依据，非凭空想象，符合食育的内在本质和规律。我们认为，食育不仅仅关注幼儿当下的全面健康，还应该关注幼儿自主维护全面健康的可持续发展的能力。因此，在研究中，我们提倡并践行科学的养育方式、科学的营养配置、科学的饮食习惯，科学地架构食育课程。

每日食谱严格设计并执行是基础。对幼儿每日膳食分量、种类进行营养分析，保障营养方面的科学性。构建食育课程是关键，在幼儿园课程理念统领下，倡导以幼儿科学地、自主地选择为目标，让幼儿拥有"健康生长"的意识和能力。向家长诠释"科学养育"概念并指导家庭中的食育是助推。在所有研究中，以数据为依据，用数据说话，将食育的每一个分支，每一个小点滴，做深做透。

比如在课题前测中，我们发现围绕幼儿是否"有始有终"进餐这点，教师问卷结果显示情况良好，家长问卷结果显示存在不足，为什么存在差异？深入剖析后发现幼儿在园还是比较遵守集体规则，能保持良好饮食习惯，但是回到家，家长教养方式不同，就出现不专心、边吃边玩、边看电视边吃的现象。究其原因，要么是家长不重视，认为孩子还小，不着急"做规矩"；要么是家长没有方法，软硬兼施都没有效果；要么是家长理念存在偏差，认为尊重幼儿的选择，不想吃就不吃。找准问题，确定方向，教师的教育措施制定就准确清晰了，产生的效果也迅速有效。这个过程中，科学地设计幼儿饮食习惯及食物教育情况的调查问卷，帮助我们掌握了一手资料，结合教师日常观察、家园沟通，将量化数据和质化内容集合，找准食育实施中的薄弱点并各个击破。

又如，我们研究发现随着食物的日益丰富和精细，人们对主食的理解和定位渐渐出现偏差，并且这种现象蔓延到学龄前幼儿餐桌。家长普遍对于主食存在片面理解，他们在营养素中选择了价格昂贵的蛋白质，仅以价格高低论营养高低，忽略了碳水化合物的重要地位。在体弱儿童管理中经常发现这一现象——家长看到幼儿不想吃饭便拿菜来替代，他们理所当然地认为鱼虾不论营养还是价格都要高于米饭，最后一口当然要把菜吃完，剩下点饭就可以扔了。其实碳水化合物在营养素中的地位与蛋白质旗鼓相当，价廉物美是它最可贵的地方。蛋白质固然重要，但过多的动物蛋白质摄入必然摄入较多的动物脂肪和胆固醇，加重了肾脏的负荷，加速骨骼中钙质的流失。对于幼儿来说，短期可能看不出影响，长期如此必将造成不可逆的伤害。因此在食育开展过程中开始出现这样的场景——营养师、教师对着一部分家长苦口婆心，主食必须拥有不可取代的地位，尤其是对于处在生长发育阶段的幼儿更加需要，不要让片面的想法左右科学的营养配置，不以价格衡量食物的营养高低，不以食物的材质满足幼儿的喜好。

（二）整合性原则

在食育课题中的整合性原则是指把园内外所有与食育相关的东西彼此衔接，有机融通各类活动，结合各种手段，组成有价值、有效率的食育课程整体链，形成内容丰富、形式多样、富有特色的食育课程。

在实施中我们突出以下三点：

第一，渗透五大领域活动。食育课程所有活动均指向共同生活、探索世界、表达表现三个维度，注重过程中的体验，使幼儿在获得经验的同时发展认知能力，丰富情感体验。语言、健康、科学、艺术、社会是幼儿园基本教学内容，我们寻找食育活动与五大领域的契合点和内在逻辑，发掘彼此联系，从而促进幼儿综合素养的提升。在食育滋养下，幼儿进一步养成了良好的生活、卫生习惯；他们充分表达、大胆表达、自主表达对美食的感受、体验、理解；他们对食物产生了情感，珍惜食物，对周围人有感恩之心，对周围环境尊重，体验劳动的辛苦，享受收获的喜悦，发现了自然的变化；更是对我国悠久的传统文化有初步体验、感知，了解传统饮食文化，形成爱家乡、爱祖国的情感；他们认识科技的力量，将自己对食物的认识用艺术手段、用适合自己的信息技术手段表达表现出来。在关于"吃"的活动中，幼儿获得了知识、技能、情感、态度等全方位的发展。

第二，有机整合园内外活动。"吃"是一种内涵丰富、极具"张力"的整合性教育活动。我们积极创造各种条件，充分利用幼儿园、家庭、社区以及周边环境乃至"伸手可及"的所有教育资源，拓展整合幼儿生活和学习的空间。园内活动教育性、丰富性显而易见，幼儿在园外也可以不断接触食育内容，潜移默化地积累并丰富认知和经验。以美食节活动为例，家长带孩子走街串巷，品尝传统美食，录制小吃播视频；在家中，亲子进行家庭餐点制作，摘菜、洗菜、切配、简单烹饪、分碗筷、洗碗筷等；园内根据不同年龄段设计不同活动并实施；提供公共平台存放并共享各类和美食相关的视频链接；在大屏幕滚动播放幼儿小吃播视频、营养师录制的美食故事；在大厅及

走廊布置互动环境，设计不同主题，放置幼儿利用各种材料制作的心中美食。幼儿运用各种材料的制作虽很质朴，但表达了自己对美食最直接的感知。我们将"整合"两字植入心中、脑中、手中，在幼儿园和家庭、社会的不同时空，除了在园 8—10 小时，更充分利用一日 24 小时中任何一个幼儿能接触到的元素，"为食育所用"。

第三，线上线下有机整合。当下幼儿对信息技术的把握已经远远超过我们的预期，他们会使用手机、平板电脑、参与视频会议、理解思维导图等，这些拓展了食育活动组织形式和实施渠道，丰富了学习手段。实践中，我们让美食看得见——每日投放于大屏幕的膳食营养视频，幼儿在来园时间段可以轻松观赏；分室课程中的小厨房活动组织两周一次不同年龄组制作活动；每月一次幼儿自选菜单的小鸽子餐厅活动火爆进行；每个班级环境中呈现对"食"的理解，托小班以直观形象内容为主，中大班的表达方式是幼儿的统计表格或图表或用项目化方式合作探究某一内容。比如 KWL 表的运用（KWL 分别是三个英文字母的缩写，K 是 Know，即，我已经知道什么？What I know；W 是 Want，即我想知道什么？What I want to know；L 是 Learned，我已经学到了什么？What I learned），帮助幼儿梳理关于某个食育探究点的已知和未知，并通过头脑风暴，鼓励幼儿提出自己的想法。我们让美食"玩"起来——每班有种植园地、植物角，中大班有小农庄社团。我们还鼓励家庭种植，这些"玩中学、学中玩"的活动，让幼儿了解了食物的来源和简单制作方法，引起幼儿对食物的兴趣；在种植、收获、体验系列过程中，幼儿尊重劳动，热爱生活，具有积极的劳动态度和初步动手操作能力，养成健康文明的生活方式；有初步的问题意识和信息收集能力，能坚持探索并完成任务。丰富多样的线上线下活动，注重创设真实的情境，综合运用游戏、参观、情景模拟、现场体验、小实验、小制作等方式，带领幼儿在校园、社区、大自然、社会中感受生活、亲历实践、主动探究。

（三）一致性原则

一致性原则是指在各方（幼儿园、家庭）对食育理念认同，形成统一认知，在没有分歧的基础上，参与食育课题的每个人教育行为一致，朝着一个目标共同前进。古代犹太人有句俗语——养育一个孩子，需要一个村庄的力量。幼儿的培育不是仅靠一己之力就能完成的，需要大家朝着目标共同努力。

第一，保教行为一致。保教结合是一个整体概念，"保"是保护幼儿的身心健康，"教"是指教育教学。教师、保育员直至营养师、保健员职责分工不同，承担的任务不同，在食育活动中，互相依存，共同实施教育教学活动。在食育课题引领下，保育员和保健室联手成立了"保研"教研组，收集在保育环节存在的问题并进行讨论研究。托班研究一日活动食育环节保育员操作配合要点及幼儿进餐习惯培养；小班研究幼儿进餐习惯培养和护理；中班研究午餐中特殊体质幼儿护理；大班研究如何提升幼儿进餐中的自我管理能力。通过"保研"教研组让食育理念深入保育员、保健员并转化为行为。一日活动中，教师发挥指导作用，鼓励保育员大胆放手，诚如陈鹤琴先生倡导的那样："凡是儿童能够自己做的，应当让他自己去做，凡是儿童能够自己想的，应当让他自己想。"保教人员教育行为一致，为食育研究助力。

第二，家园配合一致。家园一致的重要性不言而喻。在家长和幼儿园之间为食育搭建一座桥梁，幼儿园可以做些什么？除了常规的家教方法，还有什么潜力可以挖掘呢？有什么创新点？其一，协同家长一起设计、实施食育课程，形成家园食育的共同体，找到双方认同的价值契合点——吃出健康生活，为幼儿健康体质和品质打下扎实基础。其二，建立家园合作有效食育的长效机制。在幼儿园指导下，家委会成立了膳食组。膳食组成立之初只是监督幼儿园营养膳食管理，随着对食育理解的深入，逐步发展为幼儿园食育的一个重要分支。家长们广泛宣传食育理念，设计亲子食育活动，带领全体家长共同加入食育队伍，家长展示的激情和创造力，让食育活动效果倍增。

譬如，为了达成"一致性原则"，教师充分利用幼儿成长记录册的家长反馈，每月详细如实记录观察到的幼儿在食育活动中的行为表现，结合评价指标进行分析，制定策略。随后引导家长真实反馈幼儿在家情况，分享家庭措施，鼓励家长将家庭食育情况用动态方式记录下来，将幼儿在园在家情况链接起来，进一步调整措施跟进，幼儿园的食育教育有了延续性，从而达到幼儿之间、家长之间、师生之间、家园之间互相学习的良好氛围，一个良性循环随即诞生。

（四）个性化原则

个性化原则指在食育实施过程中，对幼儿、家长全面了解、观察分析，找到需要个别解决的问题，形成有针对性的、符合幼儿发展需求的独特做法。这些需解决的个

性化问题，恰恰是"食育"过程中的瓶颈问题，需要"对症下药"。

怎样针对不同个性的幼儿实施教育引导？保健医生和教师携手，对全体幼儿及个别幼儿进行有效饮食指导及干预，根据幼儿各项生长发育生理和心理指标及特点，对比测量结果，对每位幼儿进行基本判断，明确孩子的某些行为并非故意不作为，而是他（她）受年龄特点、身心发展特点、家庭教育导致的，是他（她）能力上的"不够"。往往一开始教师和家长很难通过一个孩子的表面行为意识到某些问题，双方一起研究，有助于尽早发现问题的根源，采取科学手段，使这些孩子得到真正的帮助。

幼儿 A 在中班时插班来到我园。开学了，他在餐桌前坐着不动，把饭菜推开，说话"大舌头"，教师几乎没有办法听懂，有时他只能用手势表达自己的想法。一开始教师认为他是挑食，观察后发现几乎所有菜、点心都不吃，不愿意尝试，只吃"纯粹的"白饭。教师和妈妈沟通后发现妈妈认为无所谓，对餐饮从不关注，没有添加过辅食，只要生长发育达标就可以。他平时喜欢吃蛋炒饭、肉，就吃这些。妈妈还认为配方奶营养丰富，每天喝很多就可以保证营养。进餐上的问题直接影响到孩子的语言发展。了解情况后，教师和保健医生联系，保健医生明确告诉教师，幼儿的咀嚼可以训练口腔、舌头、嘴唇等相应器官肌肉的协调性及灵活性，而这些器官的协调性和灵活性将直接影响着幼儿发音的清晰程度。家长知道后，吓了一跳，表示一定高度重视。幼儿园开始为小 A 量身定制"个性化进餐方案"：为他额外提供托班饭菜，让他慢慢过渡；给他喝鲜奶，从一点点开始；每日与家长反馈沟通家园中的进餐情况。在家妈妈逐步减少配方奶，每天给他尝试不同的菜。经过一年的干预，小 A 戒掉了配方奶，愿意尝试不同饭菜了，说话比之前清晰了，大家对小 A 充满了信心。

又如吃零食是一个令家长苦恼又无可奈何的问题。在这次食育研究过程中，教师决定攻克它。教师的策略是建议家长规定每天吃零食的次数，将小零食装在一个小碟子里，不是零食随便放、随便拿、随便吃。而且吃完绝不添加，随后再逐渐减量。这一简单策略，亦收到良好效果。

再如改变个别家庭饮食结构问题，避免幼儿超重、肥胖。教师建议家长多样饮食，在米饭中加入点粗粮，不能一下子将一日三餐或者一周的米饭全部加入粗粮，而是循序渐进，先是一周中有两到三天的米饭换成细＋粗的形式。教师还指导不善于营养膳食的家长直接根据幼儿园的营养食谱进行搭配，省力又科学。

（五）真实性原则

真实性原则就是围绕食育所研究的问题都不是凭空产生，而是根据发生的关于食育的真实问题，设计研究目标和内容并实施。在实施过程中，不断关注幼儿生成的问题，进而提供真实材料，创设真实环境，开展真实活动。

我园自1998年开创生存课程就提出"让环境说话"这一理念。在近几年的课程重构过程中，环境的作用愈发凸显，我们对此进行专项研究。食育实施过程中，我们对环境全方位"打磨"，创设有问题情境的环境，引发幼儿探索的兴趣，以幼儿的视角看环境，让幼儿成为环境的主人，让幼儿产生与环境的共鸣交流。比如在个别化活动时，提供磨具和豆类，通过研磨，幼儿看到豆子变化过程，琢磨豆子和水的比例关系，体会到烹饪的不易，懂得感谢为我们煮饭的人。创设小鸽子餐厅，开展自助餐，模仿真实餐厅场景，带领幼儿一起布置餐厅，制作各种标识，学习用餐礼仪和良好进餐习惯。设置菜肴展示台，营养室每天早上将当日一餐两点用实物逐一摆放出来。每当果蔬成熟，教师带领幼儿一起采摘，除了了解时令果蔬，看、闻、摸、尝，还能探索采摘方法。柿子高高挂树上，需要摘柿子神器。橙子、山楂，搭个梯子就可以，锻炼胆量。埋在地下的笋，没有工具、没有方法是挖不出来的，幼儿有的埋头苦干，有的互相帮忙，当他们高举竹笋欢呼时，自豪感令人动容。回家品尝感受到鲜嫩美味后，幼儿和家长更是感叹幼儿园的食育环境太棒了。在大活动中，提供符合活动特征的美食，或制作或品尝，挖掘出美食背后的文化。小厨房中，从一刀一盆到榨汁机、烤箱、灶台，全部是真实的，幼儿从小心翼翼使用工具到得心应手，自我保护能力提高了，生活常识习得了……

怎样让幼儿爱上美食，绝不能纸上谈兵，需要有支架。营养室为此开始了"儿童食代"之旅。我园有优秀的营养膳食积淀，但我们认为食育的研究提出了更高要求，"鸡蛋里面挑骨头"，找问题，想策略，真改善。在幼儿的日常饮食中，蔬菜占了很大的比例，但是，许多教师、家长都抱怨孩子不喜欢吃菜，只喜欢吃肉。这又是一个老生常谈的普遍问题。围绕这个问题我们设计系列活动，班级中通过幼儿投票，选出每月幼儿最不喜欢的蔬菜，保健室营养师通过研究，采取不同的烹饪手段改变蔬菜的形状、口感、气味，让幼儿逐渐接受这些"难吃"的蔬菜。同时结合家长工作，在每月一次家长营养沙龙中通过现场讲解和展示，家长、营养师、厨师三方对于蔬菜在选择和烹饪上的难点、疑点进行互相问答和解惑，用幼儿喜爱的形式制作蔬菜，并逐渐推广到一些荤菜、菌菇类等，解决了"幼儿不喜欢的食材怎么烹饪"这个难题。

二、有效推进食育课题实施的策略

食育的策略是指实施食育目标的方案集合，是实施原则的具体手段及解决研究过程中出现问题的方法。我们把食育作为新时代幼儿的生存根本，强健未来国民的精神与体魄。并在历时三年的食育课程实施中，逐步确定了家园配合、环境创设、劳作活动、健康配餐、进餐礼仪、个性化需求等 7 个策略。

（一）持续拓展家庭食育新途径 ①

把食育拓展到家庭教育中，适时合理地进行引导和教育，使家庭食育在无形中发挥重要的作用，让幼儿在家长的帮助下拓宽知识视野，提高综合素质，协同家长一起设计、实施，形成家园食育的共同体。在双向互动中，唤醒家长的主体意识，启发家长充分运用自身优势，发掘蕴含在幼儿饮食活动中的教育价值，引导家长自主地开展各种食育交流活动，提升科学育儿能力，更好地推进"食育"，形成"1＋1 ＞ 2"的效果。

方法一：家园共同撰文幼儿成长档案。教师的记录让家长充分感受到食育活动是生动的，看到了食育的价值和作用，体验到科学食育带来的情趣和魅力。他们愿意、乐意动手记录家庭食育开展情况。幼儿园重视家长对幼儿饮食问题、习惯问题的反馈与意见，制定措施。有时还邀请专家和幼儿园营养团队开展科学营养讲座。

方法二：设立云端育儿专栏。现代信息技术让我们的家园共育方式有了更多的选择。我园创设了能同时在手机和电脑端登录的"智慧校园"平台，建立了"云端育儿专家""儿童食代"等栏目，将家园的食育现场交流转移到了线上，使得食育活动具有了不受时间地点限制、资源共享、可重复观看、根据个性化需求进行选择等特点。

方法三：设立线上展示平台。"小鸽子讲故事"微信公众号，给幼儿提供了讲述美食故事的机会；"童心绘未来"画展，让幼儿通过制作海报、手工作品表达对美食的感受；"福爸福妈讲故事"活动以亲子陪伴阅读为主体的，家长带领幼儿讲述关于美食的绘本，开展对美食的讨论；创立"小鸽子美食云课堂"公众微信号，提升家长实践科学膳食的兴趣。通过线上的美食课堂给广大家长搭建一个记录制作美食过程、分享美食作品、表达食育感悟的平台。

---

① 本内容由何煜撰文。

"小鸽子讲故事"   "福爸福妈讲故事"   "小鸽子美食云课堂"

方法四：招募家长记者做宣传。建立家长资源库，将家长的专业和特长进行整合、转化成为幼儿园的食育资源，家长记者是其中之一。他们走入校园，用多种形式记录食育过程。活动结束后围绕家园一致开展食育以及参与活动的感悟，撰文文章，发布到微信公众号中。

方法五：组织美食菜谱漂流品鉴。这是一个家园之间、家庭之间的食育交流线下平台。家委会根据不同的美食主题发布招募海报（如烘焙主题、二十四节气美食分享等），邀请全体家长自主报名参与制作拿手的菜品，记录过程，提供成品照片，整理成一份美食漂流菜谱。最后通过家长投票选出美食菜谱中两道家长制作的菜品，添加到幼儿园的食谱中，使幼儿园和家庭的菜谱都愈发丰富起来，为幼儿提供更多更好的选择。

方法六：开展膳食烹饪 PK 活动。在"儿童食代""营养沙龙"等交流活动中，邀请家长与幼儿园大厨现场打擂台，共同探讨如何通过创新食材的烹饪方法，让幼儿吃得好，吃出健康。

方法七：组织家庭"吃播秀"。一方面让家长边学边实践如何进行食育，另一方面

让幼儿有机会和父母一起用各种方法搜集地方美食的资料，去餐厅实地体验，和父母一起去购买食材、烹饪美食、整理信息制作海报等。幼儿化身为美食小主播，介绍整个制作过程。家长在富有情趣的食育活动中学会陪伴，幼儿在温情的陪伴中快乐成长。

　　方法八：开设亲子小农庄。我们鼓励家长和幼儿在家中开辟一块小天地，种植一些常见果蔬，水培土培都可以，让幼儿亲手参与播种、照料、观察、收获、拣洗、烹饪品尝整个过程，参与力所能及的劳作活动。幼儿不但在劳动中获得成就感，身体得到了锻炼，自我服务意识也逐渐增强，逐渐变得能干、独立，也在失败中吸取了教训，在实践中获得了经验。

（二）激发幼儿自我服务意识 [①]

　　幼儿园的食育活动形式多样、内容丰富，每个年龄阶段的食育活动都有其特点。在不同的活动中，不同年龄段幼儿所开展的自主服务侧重点不同，教师针对该年龄段幼儿的引导支持策略也不尽相同。

小服务员分配餐食

---

① 本内容由姚静撰文。

从上述不同年龄段幼儿活动案例中,我们可以看到,随着年龄不断增大,幼儿在食育活动中的自主行为有了很大的变化,从最开始小班以自我为中心,关心自己喜欢吃的食物,到中班开始关注周围环境和人,到最后开始学会去关心他人,帮助他人,让食育活动不仅仅重视"食",更加走向了"食""育"并重。以"食"为起点,背后的教育价值越来越显现。幼儿在食育活动中一起主动探索美食背后的故事,在品尝美食的背后了解其营养价值和由来,感恩大自然给予我们的美味。他们共同进餐,主动选择场地、小伙伴,很多时候孩子们在大自然的环境中感受着环境给予我们的舒适感、自由感,同时和自己的好朋友一起享受美食,这就是自我与环境、自我与他人的和谐状态。他们学会沟通,相互服务,交往能力得到很大的提高,从被服务逐渐过渡到付出,幼儿感受是可以通过自己的行为改变周围的环境或人的。

表 4-15 自我服务意识在幼儿食育活动中的体现

年龄阶段	食育活动	教 师 支 持
小班	选择自己喜欢的食物 例1:自主选择年夜饭餐食 例2:上海传统小吃自助餐	从幼儿生活经验出发,讨论年夜饭上有什么菜?出示年夜饭小菜单,幼儿进行选择,最后确定幼儿年夜饭菜单。 使用不同的小工具(夹子、勺子等)选取自己想要吃的小吃。
中班	选择同伴或进餐场地 例1:小鸽子餐厅自选场地 例2:进餐时选择进餐同伴	幼儿自己选择想去的地点(大草坪、阳台、教室、小角落等),选取喜欢的材料进行布置,活动中可以和自己的好朋友一起在自己挑选的环境中享受午餐的欢乐时光。 环境创设中创设"今天,我想和谁坐"的版面,幼儿可以选择今天和谁一起吃饭。
大班	自发的服务意识 例1:小小服务员 例2:餐券的使用	每月的小鸽子餐厅,班级中的小朋友自己报名担任服务员,模仿餐厅服务员为其他小朋友提供服务(夹菜、倒饮料、收拾碗碟等)。 幼儿自制餐券或教师制作,在自助餐时,幼儿对餐食进行选择,购买餐券,凭餐券取餐。

(三)在劳作活动中体会收获的喜悦 [①]

劳作活动,即食材的种植,对于幼儿很有吸引力,幼儿的参与度高。在幼儿园,整个活动都是由幼儿主导,即从选择种植内容、播种施肥到最后的收割都是由幼儿决定,下列导图呈现了幼儿的思考过程。

———————————

① 本内容由姚静撰文。

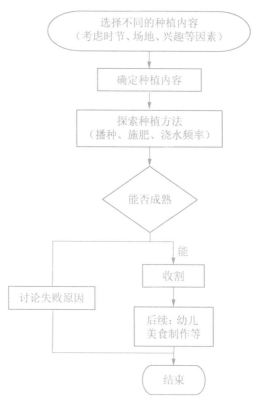

选择不同的种植内容
（考虑时节、场地、兴趣等因素）

↓

确定种植内容

↓

探索种植方法
（播种、施肥、浇水频率）

↓

能否成熟

能 → 收割

讨论失败原因

后续：幼儿
美食制作等

↓

结束

幼儿种植流程图

春天播种

给植物浇水

《论语·微子》中说"四体不勤,五谷不分",如果我们在教室中、家中对着一桌餐食从种植到烹饪侃侃而谈,幼儿的获得将是无限的。《3—6岁儿童学习与发展指南》中明确指出,支持幼儿在接触自然、生活事物和现象中积累有益的直接经验和感性认识。陈鹤琴先生说过,大自然、大社会是活教材。我们以生态思维方式,以"食育"课程为引领,充分利用现有优质资源,引导幼儿亲近大自然,在一次次的劳作过程中,幼儿对于不同植物的生长特性有了进一步的了解,感到大自然是这么的神奇,这么的多样性,想要去探索更多。幼儿也同时看到了植物的凋谢,知道了世间万物有盛亦有衰。植物从发芽到凋谢,又有新的植物重新发芽,生机和凋谢交替更新,在幼儿心中形成了初步的生命观。他们开始关注多元化的生命现象,关注周围的环境,人与自然、人与社会、人与自我之间的关系潜移默化地得到渗透。

(四)探究民俗文化背后的美食底蕴 [1]

节庆活动是我园课程方案中共同性课程组成部分之一,食育当然要抓住传统节庆

学包粽子

做重阳糕

---

[1] 本内容由安明霞撰文。

活动这一载体，在继承既有经验的基础上，进一步探究拓展饮食元素背后的民俗文化。

节日美食有浓厚的烟火气，可以满足幼儿通过直接感知、实际操作和亲身体验获取经验的需要。每个传统节日背后都有一种代表性食物，例如端午食粽之风俗，千百年来在中国盛行不衰，是中华民族影响最大、覆盖面最广的民间饮食习俗之一，对于幼儿们来说，端午节就是粽子节。

吃粽子的过程中，幼儿自发展开了关于粽叶和粽子口味的讨论："为什么我的粽子里，好像有一种叶子的味道？""为什么粽子有这么多口味？"有的幼儿说："肯定是厨房叔叔蒸的时候给我们加了调料。"还有的幼儿说："因为大家喜欢吃的都不一样呀。"在这些讨论中，幼儿们逐渐认识了粽叶，对粽叶又摸又闻又看又猜，了解了粽叶的营养价值、药用价值。又知道了由于各地饮食习惯的不同，粽子形成了南北风味。粽子这一根长长的"线"，将美食、生活、节日自然地系在了一起。幼儿们用自己的方法在生活中反复体验和探索，解决遇到的各种困惑，成为小小的"粽学家"。

节庆文化里的情感氛围可以和美食建立不同寻常的链接。重阳节来临之际，幼儿们在教师的带领下了解了重阳节的来历和习俗，并且一起学习制作重阳糕，理解丰硕美食成果来之不易。"我要做两块重阳糕，一块送给爷爷，一块送给奶奶！"幼儿怀着感恩的心，按照制作步骤和要领认真制作起来：先揪一团面，再团成团，在砧板上搓长、压扁、向内卷，稚嫩的小手搓呀、揉呀，最后撒上各种干果。热乎乎的重阳糕满含着幼儿对长辈的无限爱意。尽管制作过程繁琐且辛苦，但重阳糕出炉的瞬间，给幼儿带来了满满的成就感。教师说："在看一看、试一试、做一做中，让幼儿了解重阳节的传统习俗，知道食物来之不易，懂得感恩。"幼儿说："原来做重阳糕这么麻烦呀，谢谢每天给我做饭的奶奶，您辛苦了。"小小一块重阳糕，在孩子们幼小的心田里悄悄地种下了一颗感恩的种子。

在传统节日中，美食把离家在外的人们团聚在一起，围在桌边，享受一顿团圆饭是人们翘首以盼的。民俗节期间，象征着团团圆圆、和和美美的年夜饭，让整个幼儿园都洋溢着浓浓的"年味"。幼儿选择自己喜欢的材料，动手精心布置餐厅环境，以班级为单位组成一个大圆桌吃饭，他们举杯祝福，他们大快朵颐，在"真"氛围中感受到了团圆的喜悦与欢乐。

幼儿园的年夜饭

　　在节庆活动中，我们挑选符合幼儿生活经验的内容，还原生活的本来面目，美食给予了幼儿支持，幼儿与美食合作，产生了奇妙的情感。

（五）激发幼儿的自我认同与个性表达 [1]

　　我们以"食物"为载体，引导幼儿体验并关注"人与自我"之间的关系，幼儿自尊、自信、自我认同并凸显主体性与个性。参见如下实录。

　　美食节快到了，本次活动我们将解锁上海点心的秘密。小笼包、条头糕、生煎、烧卖、酒酿小圆子、葱油饼、油条、葱油拌面，到底幼儿会更中意什么呢？活动前后，我们开展了两轮投票。

――――――――――――

　　① 本内容由安明霞撰文。

观察实录一：第一轮投票

时间：2022.11.16

教师介绍完美食后，把投票板拿了出来，很多小朋友眼睛都放光了，大家纷纷讨论着自己想选的美食。

佑佑说："我阿姨经常给我和姐姐做生煎，生煎很好吃。"

思齐说："我觉得小笼包看起来很香。"

优优说："妈妈带我探店了，我觉得条头糕最香。"

笑岩说："怎么没人选葱油拌面呀，它好可怜，我选它吧！"

十一、桐桐和啾啾三个小脑袋凑在一起，十一说："小圆子好可爱呀。"啾啾说："这是桂花酒酿小圆子，很甜呢，我吃过的！"桐桐提议："我没吃过，但我很想和你们一起去吃。"

小朋友们投完票后，大家惊奇地发现，选择酒酿小圆子的人是最多的，有 8 个人；选择葱油拌面的人是最少的，只有 1 个人。大家一致决定，在美食节那天，再去尝尝这些点心的好味道。

观察实录二：第二轮投票

时间：2022.11.30

美食节来了，男孩子们穿着小西装，女孩子们穿着裙子，在餐厅里感受每一道点心的滋味。品尝结束后，教师再次组织大家选了一次"最爱的美食"。

午餐前后投票对比

佑佑说："生煎我已经吃过很多次了，还是酒酿圆子好吃。"于是把票投给了小圆子。

悦悦说："条头糕没有我想得那么好吃，我还是把票投给小笼包吧。"

思齐说："小笼包没有图片上看起来那么好吃嘛。"

皓皓说："这是我第一次吃小圆子，我感觉非常好吃！"

笑岩说："葱油拌面很可怜，但是，小圆子好甜呀，我好喜欢。"

桐桐说："我很喜欢小圆子，但是条头糕黏黏的，更好吃！"十一点点头表示同意，啾啾把三个人的票都贴到条头糕那里了。

等这次投票完成后，小朋友们发现，投票给酒酿小圆子的人竟然有 17 个，比全班一半的人还多，而生煎、油条、烧卖没一个人选，很多小朋友都说："太可怜了吧。"

美味自助餐

在第一轮投票中，幼儿的选择原因多元，有的根据生活经验来选择，有的根据食物品相来选择，有的基于同理心来选择，有的是根据朋友喜好来选择的，还有的是从众心理。总体来说，第一轮选票，大部分幼儿能关注到自己的喜好，并且能关注到食物本身的特性，例如味道、品相等等，少部分幼儿则还停留在他人的感觉上。亲口品尝现场所有美食后，第二次投票中，很多幼儿的观点发生了变化。有的点心尽管是第一次吃，但幼儿完全没有"惧新"情绪；有的幼儿发现实物和图片不一样，打消了原有的热情；有的幼儿则是在亲自品尝中，发现了更加好吃的点心。

教育学家杜威曾说："民主的社会既然否定外部权威的原则，就必须用自愿的倾向和兴趣来替代它。"在食育过程中，我们运用"投票"的方式作为幼儿"自愿的倾向"的重要表达途径。它不仅是幼儿解决问题最常用的一种民主方式，更体现了幼儿独立自主的思考能力，能折射出幼儿的个性表达。

（六）在与同伴的互动中提高进餐礼仪修养 [1]

对幼儿来说，他们的"重要他人"之一就是同伴。幼儿在这个"关系"中发展其社会性，完善对自我、他人乃至整个社会环境的认知，在交往中学习社交技能，出现亲社会行为等。与他人的"关系"不断冲击着幼儿的认知、能力、情感态度……在食育活动中，同伴互动是一个不容忽视的策略。

模仿是幼儿学习的手段之一，榜样的力量又是无穷的，因此教师引导幼儿就进餐礼仪进行经验搜集并分享，根据其他幼儿的反应做有效、持续的推进。经验搜集引发幼儿自主探究，互动分享引发幼儿主动学习，跟进调整引发行动持续，在互动循环过程中，充分调动幼儿学习进餐礼仪的内驱力，礼仪修养逐步养成。

同伴互动不仅为幼儿带来了新的学习契机，还不断更新幼儿的自我意识。教师让幼儿在良性互动中获得心理满足，比如引导幼儿拍摄进餐礼仪小视频，鼓励幼儿争当礼仪小教师，幼儿在积极反馈中提升了自信心，归属感更强，也更愿意向榜样学习。

同伴互动还给幼儿带来了一些心理安全感，这种安全感让幼儿更加有掌控感。比如关于吃饭时是否能交谈，幼教工作者们各执己见。我们的做法是引导幼儿自己做规

---

[1]　本内容由何家榕撰文。

则制定者和监督者。

开展一场辩论——吃饭时是不是可以说话？说说你的理由？

进行一场设计——如果你认为可以说话，那么可以怎么做而不影响其他人呢？

实施一次评价——今天吃饭时，你有没有和小伙伴做交流，你有什么感觉？你觉得怎么样？

决定一次调整——现在你对吃饭时可不可以说话怎么看？

这个让教师难以抉择的话题，幼儿自己解决了，他们遵从自己的心意，遵守自己的规则。

（七）通过个性化措施改善不良饮食习惯[①]

食育课程照顾并满足不同幼儿的身心发展需求，如果统一标准对待水平不同的幼儿，不仅有些强人所难，也违背了"以幼儿为本"的教育理念。我们的食育活动追求的是"看见"每一个幼儿。

种豆芽

---

① 本内容由何家榕撰文。

　　每个幼儿对食物的认知与偏好、进餐的习惯与能力等都不相同，"挑食"问题是不少家长和教师为之头疼的。挑食的原因有很多，是生理发展水平、心理特点、所处环境、进餐经历等共同作用的结果。为了纠正幼儿的"挑食"，需要结合幼儿当前的问题，抓住他们"作为一个独立个体"所蕴含的特点来开展"个性化食育"活动。有一名大班幼儿很讨厌吃豆芽，为了能让幼儿达成"不偏食、不挑食，样样都能吃"的目标，教师抓住这名幼儿"爱探索、爱思考、对感兴趣的问题要追问到底"的个人特质，引导幼儿泡发黄豆芽，好奇好问的秉性激发了该幼儿对豆芽的强烈兴趣，强化了幼儿与食物间的联系，满足幼儿探索欲的同时逐渐悦纳食物。

"我自己的食育故事书"

又如托班一幼儿对肉食的偏爱和对蔬菜的讨厌让他有点超重。教师了解到，孩子非常依恋自己的妈妈，非常喜欢听妈妈给他读故事。教师将计就计，将绘本《吃饭》制作成故事书（将幼儿与妈妈的头像贴在故事书的人物上，并且将人物角色对话录制下来，将录音标贴贴在书上）交给家长。有了这样一本自己的故事书，这个孩子每次要到吃饭时都特别开心，每次吃蔬菜也会自言自语说说故事上的对话。教师采用角色代入的方法，借助幼儿对妈妈的依恋以及对妈妈的关爱，激发了幼儿对食物的积极情感。

再如每个班级总有进餐特别快或特别慢的孩子，怎样培养幼儿良好的进餐习惯呢？教师将对进餐习惯的要求融入小道具，让幼儿进行自我管理。教师在每张桌子上放置沙漏，无论进餐过快还是过慢的幼儿都可以通过看沙漏里的沙子还剩多少知道自己慢慢嚼还是要抓紧时间。

"投其所好"的食育真正走进幼儿内心，让幼儿能够不仅仅专注于"吃"这件事情，还能提升自主管理的能力，促进认知，培养情感，满足心理需求，将食育上升到"育人"。

不论是面对托小班牙齿尚未发育完全的孩子，抑或是对鸡蛋牛奶过敏的孩子，牛肉"大魔王"都笃定自己不会被吃掉。然而，中幼的大厨一定有办法：用绞肉机将牛肉、蛋清、牛奶做成牛肉糕；研究牛肉的纹理，用快火猛炒的绝活制作炖牛肉、炒牛肉；不断创新牛肉料理。大厨们让每一口牛肉都鲜嫩无比！牛肉"大魔王"最终乖乖"投降"，成为孩子们美味的盘中餐。

托班小朋友遇上了
牛肉大魔王，咬不动，
这可怎么办？

老师告诉大厨孩子们斗不过牛肉大魔王。没关系，那大厨用绞肉机把牛肉打碎做成牛肉糕给孩子们吃。

　　有小朋友牛奶过敏吃不了牛肉糕。没关系，大厨深谙刀法与牛肉纹理，通过对牛肉改刀以及快炒让孩子们都能吃到嫩嫩的牛肉。

　　咦？怎么还有小朋友哭唧唧的声音？啊，原来是被新菜"脆皮牛肉粒"给馋哭啦！

大厨得意地告诉孩子们秘诀：牛肉炸两次更脆；醋分两次放更香！

大厨的形象在孩子们的眼中闪闪发光！嘿！我们幼儿园的大厨总有办法！

（策划：龚琰　撰文：徐豪俊、陈晰　插图：黄文洁）

「韭」是这么好吃!

韭菜有着极高的营养价值,但由于其特殊刺鼻的气味以及难以咀嚼的口感,着实不讨幼儿喜爱。为了让孩子们愿意吃韭菜,厨师们经历了多次尝试。他们先将韭菜榨成汁后拌进米饭,但又担心榨汁会破坏韭菜的营养。接着,他们又尝试将韭菜与其他馅料混合包成水饺,但又觉得做成水饺实用性不高。最后厨师们发现,其实把韭菜和各种食材、调味混合在一起就能有效地掩盖韭菜的异味,所以尝试不同的切配是个好方法,既简单又营养,还能百变多样。

春天是吃新鲜韭菜的好季节。

午饭时间,厨师为小朋友们烹饪了一道鲜美可口的清炒韭菜。可是大家都觉得韭菜臭臭的、难嚼、不好吃!

于是厨师们想到了一个好方法：将韭菜打成汁再拌进软糯的米饭，同时放入鲜甜的干贝丝，炒制了一道香甜软糯的"韭菜干贝汁炒饭"。

没有了刺鼻的味道和难嚼的口感，孩子们喜欢极了。

然而营养师却有些担忧，榨汁虽然能祛除韭菜的异味，但是同时也破坏了其本身的营养。

于是厨师们又继续尝试新的做法。这次，他们将韭菜和胡萝卜、鸡蛋等食材一起配成馅料，包成了白白胖胖的水饺。

穿上了胖衣服的韭菜饺子很受孩子们的欢迎。不过厨师们又惆怅了：不能总是包饺子给孩子们吃吧！

厨师们研究发现，把韭菜和各种食材、调味混合在一起就能有效地掩盖韭菜的异味，于是他们又为韭菜找来了很多"好朋友"。

白嫩的豆腐裹上金黄的蛋液在热油里煎炸，再倒入浓浓的番茄汤汁烧煮，最后放入韭菜和少许调味翻炒，一道色泽鲜亮、营养丰富的切配菜就出锅啦。

孩子们一口接一口地吃了起来！原来世界上真有神奇的魔法，能让有味道的蔬菜也变得这么好吃！

（策划：沈弘斐　撰文：何欣、王碧韡　插图：黄文洁）

S

推进多元主体
共同发展

中国福利会幼儿园历经 70 多年的持续探索，在食育课程建设与实践中，不断唤醒教师专业自觉，激发幼儿主动生长，提升幼儿园品牌知名度，取得教师—幼儿—幼儿园多方成效，提升幼儿园整体效能。教师在食育活动开展过程中，逐渐将"生活即教育"从理论层面上升到实践层面，在计划—行动—观察—反思中不断积累和提升课程领悟力、执行力。幼儿在身心愉悦的食育活动中，逐渐养成"会吃""能做""有礼仪""喜探索"的核心素养，从而实现全面主动的生长。幼儿园的食育课程始终立足儿童，在相互独立又相互融通的各类课程中贯穿始终，将食育的理念渗透于课程的方方面面。幼儿园以食育为载体，打造家—园—社学习共同体，在食育课程的多元实践中，不断丰富课程内涵，提升整体品质。

第一节
引领教师在日常生活中践行"生活即教育"①

随着食育活动的开展，教师对食育的内涵、目标、内容、组织实施形成了新的认识，主动将食育活动融入幼儿的一日生活中。经过不断计划—行动—观察—反思，教师提升了食育环境创设能力和食育活动设计能力，以新方法促进食育与幼儿五大领域发展的融合，建构"4P"食育实践体系，开展食育的项目式探究，提高了课程的执行力。

一、转变食育理念，在一日生活中融入食育

（一）过往食育活动中存在的问题

在幼儿园开展食育相关探索研究前，通过集体反思、案例研讨，教师们发现过往的食育活动存在对食育理解的偏颇、食育活动目标的模糊、食育活动内容的形式单一，缺乏食育活动效果评价等问题。

具体来看，在对食育的理解上，一线教师对食育内涵的认识局限于"食物的营养、来源"方面，对食育的理解侧重于"良好饮食习惯的培养教育"上。另外，由于食育主要在小厨房活动中开展，在具体食育活动的目标方面存在"表述不明确、目标不细化、途径不丰富"的问题。如在《包馅青团》活动中，该目标"幼儿做青团，了解青团面团的食材组成"就是一个模糊的目标，没有说明使用什么样的工具，通过什么样的方法来制作青团。在活动内容方面，范围较局限，侧重于食物营养与制作，缺乏一定系统性。在活动开展形式上，由于场地限于小厨房，比较单一，影响了其他活动区域食育活动的开展。活动评价方面，缺乏评价标准，影响了活动的最终效果。而

---

① 本节内容由陈宇童撰文。

在家园共育方面，教师忽视食育与家庭的关系，缺乏对家庭参与食育活动的指导，以致幼儿食育活动难以在家庭中延续。

（二）对"食育"的再认识

食育意为与食物有关的教育，其内涵不仅包括对食物的认知、欣赏、制作，也包括饮食卫生、饮食习惯和饮食文化。随着对食育持续不断的深入探索，教师对食育目标、内容、组织实施策略形成了新的认识。

从目标上来看，从以往"侧重认识食物、了解营养、培养良好饮食习惯"转变为"会吃、能做、有礼仪、喜探索"的食育目标。通过开展丰富多样的食育活动，帮助幼儿认识食物，了解饮食和营养知识，感受饮食文化，从而调整饮食行为和生活方式，形成良好的饮食习惯，树立健康、积极、科学的生活态度。

从内容上看，教师们逐渐意识到食育是一座宝藏，包含了大量贴近幼儿生活、充满趣味的领域内容，蕴含着很多教育契机和教育价值。食育不只限于每日的一餐两点和室内的集体教学，而是可以融入一日生活的多个环节。

从组织与实施上看，教师们探索出多样化的实践策略：创设食育环境，设计食育游戏，整合多方资源，家园合作开展。一系列有趣、有料、有效的方法，不仅拓展了教师对食育的认知，也强化了教师在日常的现实生活中实践"生活即教育"的理念。

从评价上看，教师们全方位、多视角开展评价，园领导、组织活动的老师和幼儿及幼儿家长都参与到食育活动评价中，及时发现问题、改进问题，促进食育课程螺旋式不断递进、上升。

二、形成食育多元路径，以新行动引领新生活

（一）不断优化，提升食育环境创设能力

环境具有隐形的教育功能和价值。如何创设适宜的食育环境，潜移默化地激发幼儿了解和探索的兴致，丰富幼儿的经验，鼓励幼儿的表达，需要每位老师在食育活动开展之前作细致考量。食育环境创设过程中，教师从当下所开展的食育活动主题出

发，结合幼儿年龄特点和本班幼儿发展情况，抓住一日活动中的教育契机，根据班级教室布局特点，从主题墙到区域环境，整体思考，不断调整。

中班幼儿自主点心的探索

通过对幼儿来园后点心环节的观察与记录，我们发现目前班级幼儿每日来园的点心环节存在以下一些问题：

1. 点心定时定量，无法满足幼儿的个性化需求

幼儿园的每日早晨点心，一般都是按照一日作息时间安排。幼儿在规定的时间段内，不管此时是否有进餐的需要，每人固定量，统一吃点心。但是，有的幼儿可能由于家里早饭吃得太多，一时间吃不下，就选择不吃；还有的幼儿由于早上来园较匆忙，没有来得及在家中吃早饭，而饿着肚子一直需要等到吃点心的时间，规定的量可能无法满足他。这种定时定量的形式，无法满足幼儿个性化的需求。

2. 点心时间相对较长，等待现象较明显

由于点心时间统一，加之班级幼儿人数较多，所以在点心开始前，往往要组织幼儿分小组轮流，排队洗手，取点心。在用餐时，有的幼儿吃得较快，有的幼儿速度较慢，教师又往往需要等到所有幼儿吃完，再组织开展下一个环节的活动。这就造成了时间的隐形浪费。有时为了保证下一个活动的正常开展，教师会不时地催促吃得较慢的幼儿，久而久之对于幼儿的消化和自主性养成也是不利的。

3. 点心成为一种程式化、单一的生活环节

日复一日，幼儿点心环节成了一种程式化、单一的生活环节。在幼儿眼里，点心就是吃完自己的一份点心，对他们而言就是一种"任务"。在教师的意识里，点心就是幼儿一日活动中一个"微不足道"的环节，为了点心而点心。

针对以上问题，为了让幼儿点心环节充分满足幼儿的真实需要，凸显幼儿的主观能动性，我们尝试不断优化班级环境，开展了一系列行动与观察。

首先，创设温馨、舒适、想吃就吃的点心环境。我们提供了不同颜色的桌布、各种干鲜花、有趣的计时工具等材料。幼儿能根据自己的喜好，铺上漂亮的桌布，摆上一瓶漂亮的鲜花，在雅致、适宜的环境里与同伴一起享用这美味的点心。这让原本程式化的点心环节变成一种享受，增添生活情趣与美好。

幼儿自主布置点心环境

其次，改变点心品种和分量。联合保健营养部门，在保证幼儿营养摄入标准的前提下，对牛奶和饼干"大做文章"，用外在形式的变化来激发幼儿用点心的兴趣。比如：改变饼干的形状、口味，奶制品提供牛奶、酸奶、豆奶等供幼儿选择。为了让有不同需求的幼儿根据当天在家用点心的情况来适当选择，饼干中还增加了"迷你版"款。当幼儿吃完正常量的点心后，如果还不够，可以在"添加区"内再选取"迷你版"饼干。如果幼儿当天在家早餐吃得过多，也可以更换食用"迷你版"饼干。

最后，调整点心时间。采用按需进点心的方式，改变以往统一时间食用点心。幼儿入园后可以根据自己当天的早餐情况，自主选择进入点心区域用餐的时间，不仅保证幼儿有充裕的时间享用点心，也减少了一日活动中的过渡环节，给予幼儿更多的自主游戏时间。

点心环境、品种、分量、食用时间的改变，增强了幼儿点心环节的自主性。让幼儿对每天的点心像开"盲盒"一样充满新奇。同时，也让一日活动的开展更加有序。一段时间后，又出现了新的问题：第一，幼儿自理能力和自我服务能力存在差异，如何提供适宜的工具；第二，幼儿对点心环节的"新规则"还不太熟悉，如何有序地开展自主点心呢？过程中需要注意什么？如何通过环境创设帮助幼儿内化这些信息？第三，有的幼儿看到自己喜欢的点心就不自觉吃得很多，不喜欢的就直接不吃，如何引导幼儿选择适宜的食用点心量？

针对这些问题，我们再次行动。

其一，基于幼儿经验能力，提供不同层次的取餐工具。

为了方便幼儿自主倒取牛奶或是豆奶，我们提供了不同容量的奶壶，幼儿可以根据自己的力气自行选择便于操作的奶壶。力气大的幼儿用大一点的奶壶，反之可以考虑相对较小的。在提供饼干夹取的工具上，也从以往的统一夹子，改成了不同大小夹子以及小勺子。大一点的饼干，幼儿可以用夹子试一试。如果今天食用的是小小的数字饼干时，则可以考虑用勺子。

奶壶中盛放不同容量的牛奶

其二，正面引导，多维度、多方法提供支持。

初期我们在设置点心区域时，选择了相对开放的空间，便于老师照看，进餐记录一般采用贴、插等相对简单的方法。一段时间后，我们基于幼儿的经验和能力进行启发和引导，组织幼儿针对点心中出现的问题，通过讨论、实践、探索的方式，不断寻求解决问题的策略。

比如，我们组织幼儿讨论如何有序地开展自主点心，过程中需要注意什么，应当遵守哪些约定、规则等，共同制作了自主点心流程图，创设进餐记录、饼干和奶制品选择记录。整个过程幼儿积极主动参与，大胆表达，也因此增强了规则意识。

又如，针对幼儿取用点心量的现状，我们组织幼儿交流各种点心的营养知识和均衡膳食的重要性；引导幼儿不挑食、不偏食，养成良好、科学且健康的饮食习惯，共同讨论并决定在点心区设置了标记"今日供应"，内容包括：奶制品和饼干的种类、推荐的摄入量等，通过图片呈现的方式帮助幼儿更好地理解。

同时，在这一轮行动实施中，我们也发现，由于点心环节用餐时间是幼儿自己决定的，会出现有的幼儿吃得比较早，有的幼儿则吃得稍晚一点，还有的幼儿由于专注于游戏甚至忘记了吃点心。

因此，在加强观察指导，保证幼儿合理膳食和营养的同时，我们与幼儿共同讨论，设计形式多样的进餐情况记录，根据幼儿的认知水平与能力特点，有机地融入了数概念的学习。一开始，我们通过贴自己的人头照片感知"一一对应"的关系；下一个阶段，可以鼓励幼儿创造性地用自己的方式记录，同时初步感知，理解了统计二维表；往后，可以提出更多的要求，比如：幼儿自己的学号、用点心的时间。小小的记录形式不仅便于教师及时了解幼儿的用点心情况，也能有效地促进幼儿的学习与发展。

（案例撰文：徐洁、张知源）

发挥幼儿的自主性是教师开展食育活动的重要原则。常规化的点心环节中，教师通过日常观察，发现问题；从班级情况出发，调整食育活动的物质环境和心理环境；不断反思，提供有效支持，在促进幼儿自主性发展的同时，也增强了食育环境的创设能力。

随着幼儿园从夏季作息到冬季作息的调整，在组织早晨的点心环节，教师也会遇到以下问题：第一，幼儿来园时间推迟，错过牛奶点心时间；第二，天气变冷，部分孩子家里的早饭变得丰盛，吃不下幼儿园的牛奶点心。以上两个问题不仅会造成牛奶点心的浪费，也会渐渐让早晨的点心环节失去它可能的潜在价值，于是教师在发现问题后，开展了班本化的促进幼儿自主交往和自我服务的实践。

大班幼儿的 VIP 餐厅

　　冬季作息开始了，小朋友们 8 点来园先进行生活活动：喝牛奶、吃饼干，但随着天气逐渐变得寒冷，爱睡懒觉的小朋友来园晚了。小 A 每天早晨来到教室，就和陈老师说："我刚在家里吃了早饭，吃不下幼儿园的饼干和牛奶了，陈老师我能不能就喝杯水。"原本胃口小的孩子吃不下牛奶和点心，造成了浪费。

　　班级里住得远的孩子多，有时候到园时间晚了，来不及喝牛奶，生活老师就要收拾餐桌了，孩子们三三两两，喝牛奶时间很紧张。看着每天多出来的牛奶和点心，我们都觉得浪费食物挺可惜的。如何改变餐厅环境，点燃幼儿对早点的热情，减少浪费，我们组织小朋友一起讨论。

幼儿布置餐厅环境

1. 餐厅环境大讨论

第一次讨论：什么样的餐厅能吸引小朋友？

幼儿 A："我喜欢那种下午茶一样的点心店，有好看精致的餐盘、餐巾纸……"

幼儿 B："我去吃过那种港式点心，里面有很多服务员，会推着餐车把点心送到顾客的桌子上，都不用我们自己拿的！"

幼儿 C："那些靠马路、露天的餐厅才最灵，边吃边看看风景，我妈妈最喜欢坐餐厅窗边的位置拍照片了。"

幼儿 D："你们玩过大众点评吗？我妈妈在里面有很多粉丝，因为她喜欢去各种网红店拍照，那些网红餐厅都布置得很漂亮！"

总结：看来受人喜爱的餐厅不仅需要有个优美舒适的环境，还要有良好的服务品质。

第二次讨论：餐厅里需要布置些什么？谁来布置？怎么布置？服务员谁来做？怎么做？

幼儿通过餐厅打卡、采访等方式，对餐厅布置和人员分工合作有了进一步的认知。通过讨论，幼儿决定在餐厅中提供桌布、鲜花、餐具、纸巾，小客人用中幼币消费，服务员可以通过提供服务获取劳动报酬——中幼币。

2. VIP 餐厅 1.0 版本上线了！

VIP 餐厅开张的第一天，吉米早早地来到了班级，就想着来做服务员，等了半天终于等来了一个小顾客安安，吉米耐心地为他服务，结束后安安满意地离开了，吉米赚得了 1 元中幼币。

第一天的客人三三两两，但是每个小客人都感到很满意。

"我不用自己收拾餐具了""还能得到一张好看的餐巾纸"。客人们对于 VIP 餐厅的服务赞不绝口，一旁观望的孩子们也跃跃欲试，表示下次要带中幼币来消费。一天下来，吉米和同伴各自赚得 2 元中幼币。VIP1.0 上线后也发现了几个问题：

问题一：谁来做服务员？服务员需要提供什么服务？

孩子们纷纷表示："服务员肯定要来得比客人早，不然客人怎么吃点心？""服务员要提前布置餐厅环境""我去餐厅吃饭，都是服务员点菜，收拾的"。经过讨论大家都一致认定，想做服务员，就必须第一个来到班级。

问题二：VIP 餐厅客人太多了，位置不够怎么办？

做过服务员的孩子反映："有几个客人点心吃得太慢了，后面客人都在排队。"为此还引发了"客人们"的争执:"我吃点心就是要慢慢吃的呀。我付了钱的呀。"

比如站队"吃得快"的孩子们会说:"我们 8:45 要出去运动的,你吃这么慢,都来不及收拾。""学校牛奶要趁热喝,这样对肠胃好。""吃完还能玩一会儿。""喝牛奶吃点心一口就吃完了,又不是吃饭咯。"

站队"慢慢吃"的孩子们:"VIP 么就是要享受的呀""我平时去餐厅服务员都没有限制我们时间"。

出于不影响班级作息安排,最后"慢慢吃"队的孩子也同意在规定的时间内完成用餐,同时,用沙漏计时器做提醒。如果想延时的客人,可以再付一笔延时费。

问题三:VIP 餐厅还能提供什么特色服务吗?

在 VIP 餐厅活动开展的过程中,有不少"优秀服务员"的表现令人惊喜,老师利用讨论时间把服务员、客人之间的趣事分享给大家。

特色服务

比如，有的客人进餐到一半要去厕所，服务员提供"暖餐"服务，确保客人的牛奶保持温热；又比如，为晚来的客人调整座位，确保要好的客人可以坐在一起；又比如，前一天进行订位服务，当然需要付出更多中幼币的代价；更有一些细心的服务员，会牢记饼干的名称、特点，在客人点餐的时候加以介绍，还会根据剩余饼干的数量，有策略地进行推荐。

3. VIP 餐厅版本持续升级中——孩子的改变

相比以往冷清的牛奶时间，如今的牛奶点心时间充满了孩子们忙碌的身影，不少孩子也积极参与其中，改变了以往的作息习惯。

小 A 的妈妈反馈："以往怎么拉也拉不起来，现在竟然自己调好闹钟早早起床，只为了来班级做服务员。"小 A 家住在虹口区，到幼儿园路途遥远，但是好几次 8 点幼儿园一开门，就看到他兴冲冲奔进教室，以最快的速度理好书包，应聘服务员岗位。

为了体验"被服务的至尊感觉"，毛豆每次都会花 1 元钱做客人，服务员会为他端茶送水、嘘寒问暖，这种被服务、被尊重的感觉令毛豆非常高兴，以至于为了"被服务"连平时不爱喝的牛奶都要点。

还有很多孩子在悄悄地发生改变，比如，为了吸引顾客会利用美工区的笔、纸做现场菜单；又比如，为了配合防疫，有孩子自发从家里带来消毒免洗手液。在这个 VIP 餐厅中，孩子们利用自己的生活经验，为了体验被服务的快乐，各自在餐厅中成长着。

（案例撰文：厉维琪）

通过幼儿园中自主点心的一系列探索与实践，我们可以发现幼儿的学习不是教师凭想象制定的，而是根据幼儿的需要以及存在的问题逐渐生成的。在这样的自主学习中，教师通过营造合作氛围，引导幼儿发现问题、合作互助共同解决问题。幼儿间的分工、协商、配合，使合作成为一种必然和需要。幼儿通过与同伴的交往，促进自主问题解决的能力，参与的主动性和积极性大大增强。在合作的氛围中，幼儿主动投入协商，通过表达与交往，最终以团队力量迎接挑战，获得成就感。教师则关注幼儿的体验和交往，充分调动幼儿自主解决问题的积极性，帮助幼儿感受平等交往，体验交往中自信表达和接纳认同。

作为教师，我们是幼儿的观察者，不仅需要把握幼儿的年龄特征和行为表现，关注个体差异和不同的发展需求，同时需要认识到教师支持在幼儿自主性发展中的价值。观察中，不能只是看到"儿童不能做什么"，而应该把关注点和重点放在"儿童可以做什么"上，关注真实情境中儿童的需要和潜力。

同时，教师也要成为幼儿的支持者，创设良好的物质和心理环境，提供适当的支持和引导。通过食育活动，激发幼儿自主探寻、交往的兴趣和愿望，并从中获得经验和成就感，让自主、主动成为幼儿的一种品质和能力。

（二）挖掘素材，促进食育与五大领域的融合

在幼儿园教育中，幼儿每日一餐两点活动、种植劳作活动、小厨房活动、美食节和民俗节等节庆活动中都蕴含着很多食育元素。在幼儿园之外，大自然的一草一木、一花一石也都可以作为食育的内容。教师通过深度研究幼儿生活中接触的事物，结合幼儿在日常生活中遇到的问题，挖掘潜在的食育素材，从而催生幼儿学习兴趣。

📝 居家种植生活带来的奇妙变化

小满平时在幼儿园里吃午餐时总是东张西望，对食物兴趣不高，且经常有挑食的情况。疫情期间，上海家庭买点蔬菜很困难，小满还特别挑食，这让家人伤透脑筋。了解到这个情况，老师请小满认一认、找一找小区里有没有网上流传的"小区可吃的野菜"。于是，小满带上铲子和小区里的小伙伴开始了"寻宝"行动，还嚷嚷着要妈妈把野菜炒来吃。

在找野菜、挖野菜的行动中，小满对身边的蔬菜萌生兴趣，产生学习需求，老师继续挖掘生活中的资源：请妈妈买一些不同种类的蔬菜种子和营养土在家里种一种。

小满开始种植奶油生菜、香菜和樱桃萝卜，每天都会准时给这些蔬菜浇水，观察他们的变化。亲身照护植物的经历激发了小满种菜的热情，种植的品种一度增加到了5个。而小满更是每天都会来看看这些蔬菜籽冒出来小芽芽的时间和形态。

通过种植和照护，小满对自己的劳动成果格外珍惜，要求大家连炒青菜的蒜末都吃掉，体会到蔬菜的来之不易。小满从种植中不但收获了成果，还收获了许多种植的乐趣，也开始懂得珍惜食物。他自己还看书查阅资料，说是香蕉皮能当肥料，所以吃

带上工具，挖野菜

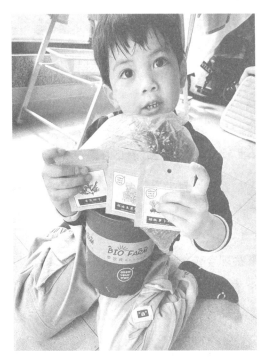

采购的新菜种

剪香蕉皮堆肥

剩的香蕉皮他自己剪成一小段铺在土上堆肥，掌握了很多种植的小技巧和经验。没想到这次的种植经历开拓出了那么多有趣的故事，让居家生活变得不再枯燥乏味，充实而充满乐趣。

　　一段时间后，老师收到小满家长发来的"小满做绿豆糕""小满做冰激凌"两个视频，在视频中可以听到小满将所需材料、制作的步骤都非常有条理地一一介绍。

制作绿豆糕

　　播放视频的过程中，小伙伴们不断地惊叹小满居然可以做那么复杂、有难度的美食，活动后还向小满请教如何制作。小满在妈妈的鼓励下，也开始愿意尝试不同的菜，还会询问家人是怎么烧的。现在的小满，再也不挑食了，坚持光盘，不浪费食物。

（案例撰文：钱宇）

生活处处皆教育。食育不仅有助于幼儿养成良好的生活习惯，而且还能与健康、语言、社会、科学、艺术五大领域进行融合拓展，从不同的角度促进幼儿情感、态度、能力、知识等方面的发展。案例中从小满不吃青菜到青菜一扫而光的过程中，我们可以看出老师在食育活动开展过程中指导幼儿从"找野菜"着手，通过蔬菜种植活动，引导小满观察、记录蔬菜的生长过程，探索、发现"如何让蔬菜长得好，哪个品种的青菜长得快"。同时，通过美食制作与分享活动，让小满对食物更有兴趣，感知食物的来之不易，自主生长出"不浪费食物"的观念，也渐渐改变挑食的习惯。

（三）整合资源，增强食育活动设计能力

我国有多个传统节日，每一个"中国节"都蕴含着丰富的传统文化元素。以各种传统节日为载体设计、开展相关食育活动，是幼儿园食育的重要方式之一。在食育过程中，幼儿不但能围绕传统饮食展开探索，了解基本的食品安全与营养知识；更能通过食物，了解中国的传统饮食文化及饮食礼仪，感知中国历史文化的源远流长，增强民族自尊心、自信心和自豪感。

📝 腊八节系列活动

腊八是春节的前奏，民间有"小孩小孩你别馋，过了腊八就是年"的说法。腊八节在我国有悠久的历史，各地过腊八节会准备不同的食物，习俗各异。借助腊八节这一节日契机，我们初步设计了腊八节的活动，进而跟随幼儿探索兴趣，不断丰富完善，生成一系列腊八节食育活动。

1. 初步了解，走进腊八节

腊八节是怎么来的？在哪一天？有哪些饮食风俗？围绕这些问题，我们在各大视频网站查找了相关视频，最终找到符合预期的。下载剪辑后，请班级幼儿欣赏。观看视频前，我还设计了问题"腊八节时，人们都会做些什么？"引导幼儿有目的地观看视频，获取信息。同时采用思维导图（气泡图）的形式呈现腊八节的饮食习俗。并在活动最后延伸：请幼儿尝试使用气泡图探索、呈现腊八粥的食材，引发幼儿的后续探索。

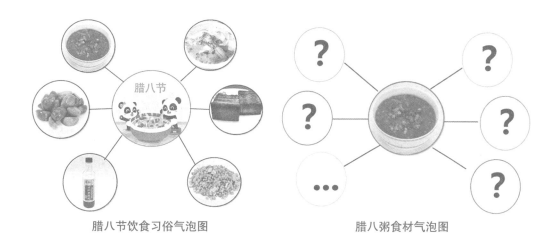

腊八节饮食习俗气泡图　　　　　　　　腊八粥食材气泡图

2. 动手操作，制作腊八蒜

活动中，幼儿对各地不同的饮食风俗充满兴趣，尤其是腊八蒜，跟平时看到的不一样，引发幼儿兴趣。于是，我们请家长为孩子准备大蒜、米醋、密封的透明玻璃瓶（方便幼儿观察），和幼儿一起动手剥蒜、切根、加调料（醋、盐、糖）泡蒜。操作完成后，启发幼儿猜测腊八蒜的变化，并用表格记录在腌制腊八蒜过程中的发现。

3. 深入探索，分享腊八粥

在南方、北方腊八节饮食风俗信息梳理过程中，幼儿发现喝腊八粥是大家共有的。班级里也有幼儿喝过腊八粥。围绕幼儿新的"关注点"腊八粥，我们通过开展小调查、查找视频资源，引导幼儿了解腊八粥的由来，里面的食材，并开展亲子制作、分享腊八粥活动，请家长拍摄幼儿介绍、制作腊八粥的过程，并把制作的腊八粥分享给老人、志愿者等。同时，我们班级里也开展"腊八粥分享会"，请幼儿分享自己配制了哪些材料，不同食材的口感、口味如何，以及自己把制作的腊八粥送给了谁等等，在介绍中积累更多关于腊八粥的感知和经验。

实践过程中，幼儿有新的发现：早上喝的八宝粥里面有一些食材跟腊八粥一样，有些不一样。腊八粥和八宝粥有什么区别？有没有相同的地方？通过调查比较，我们发现它们在吃的时间、寓意、食材数量、种类上的差别。同时使用双气泡图呈现腊八粥和八宝粥的异同。

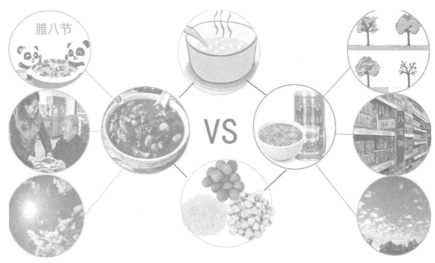

腊八粥和八宝粥的异同气泡图

腊八粥除了有好喝的粥还有好听的故事和儿歌。在班级图书角，我们还投放了《腊八节》《我们的节日》等绘本，和幼儿一起玩《过了腊八就是年》《腊八粥》的手指游戏。在艺术作坊，投放腊八粥食材，使用软泥，自己配制腊八粥。在生活区，投放各类豆子，请幼儿将豆子分类、夹豆子、制作豆子拼画等。

（案例撰文：陈宇童）

从"腊八节"食育系列活动中不难发现，教师围绕腊八节，从五大领域展开探索，有机整合线上线下资源，筛选网络信息，选择适宜的内容，同时联合家庭、社区，采用视频介绍、PPT展示、游戏互动、思维导图梳理、实物操作等方式，为幼儿的深入学习搭建了平台或"框架"，创设了途径。

三、建构食育实践体系，提高课程执行力

（一）形成"4P"食育实践体系

在园内，每个班级都有自己的"小菜园""种植园"。每学期初，老师会和幼儿讨

论决定种什么。从播种、浇水、施肥、除草，再到收获，幼儿通过种植实践，观察食物的生长过程，体验种植的辛苦。幼儿种植收获的食材，会在小厨房活动时由幼儿进一步加工制作，也会用于小鸽子餐厅活动，转变为美味可口的食物。"小菜园"里收获的食材，还可以带回班级进一步进行探索，如拓印、做小实验等等。

幼儿通过亲近自然、直接感知、动手操作、亲身体验等方式，"种植食材（Plant）、制作食物（Product）、探索食物（Explore）、从食物中汲取营养（Pabulum）"的 4P 食育实践体系已转化为教师班级日常食育活动的自觉行动。

豆子变身记

一次小农庄社团活动后，孩子们用家中现有的黄豆、绿豆或者红豆来发豆芽，观察豆芽的生长过程。每天，孩子们会分享自己观察到的豆芽变化，对新种的豆芽都期待万分。

跟随孩子们的兴趣，我们围绕"豆子"开展了一次主题式的探索活动，通过"豆子变豆芽"和"豆子变美食"，让孩子们在过程中有更多的发现探索豆子变身的秘密。

1. 豆子变豆芽

孩子们在家里找出了不同的绿豆、黄豆、红豆等，和老师一起种豆子。我们观察到虽然老师当时选择的是水培种植，但在后续的种植养护中，有的孩子也采用土培的方式发豆芽。在种植阶段，孩子们发现自然生长的植物有自己的生长规律，也就是时节。孩子们从知道"这是一颗豆子"拓展到知道"它能长成豆芽"的生长过程中，进一步认识了植物的生长规律。

每天，孩子们都会交流自己新的发现，例如：要每天浇水保持豆子的湿润，芽还没发出的时候要避光，长芽后要有阳光、要控制好浇水的次数，土壤也不可以太湿等等，有的孩子甚至利用可视化的土培容器，能清楚地看到豆芽生根的过程，为发现豆芽生长的"秘密"而开心。在交流的过程中我们也发现，豆芽逐渐长大，有些孩子期待把它做成美食，有些孩子依旧想让它继续长大。

2. 豆芽变美食

西西的豆芽在她的用心呵护下长大了，她和妈妈商量着要做一道简单好吃的素炒豆苗。首先她和妹妹把豆芽放进盆里洗干净，妹妹洗过的，她也会一根根检查，因为她说"吃进肚子里的豆芽一定要干净"，终于把豆芽洗干净了，妈妈在热锅中倒好油

小豆子慢慢长大

　　后，西西把洗好的豆芽倒入锅中，看着妈妈不断翻炒的样子，她自己也尝试了一会儿，可是铲子太重了不太会翻炒，于是还是请妈妈继续制作。妈妈还加了一些韭菜和一些调味料，很快素炒豆苗就上桌了，西西赶紧尝尝，露出了"这也太好吃"的表情。

　　诺诺的豆子经过几个星期的生长，已经长得很高并且已经生长出了叶子，可是当妈妈问"我们要不要把它做成豆芽菜"的时候，诺诺却拒绝了妈妈的提议，"好不容易长这么高，不要剪掉它"，原来他是舍不得把豆芽变成豆芽菜。但是他的豆芽们在他的精心照顾下，都"野蛮生长"，他也会用尺子量一量、比一比看看豆芽比最开始长高了多少，他也发现叶子会变得越来越大、长高之后的豆芽不一定都是直直的，也会摆出各种的造型。

　　孩子们从准备材料开始全程参与体验，例如，要观察豆子是不是铺平，有没有重叠的情况，铺的纸巾是不是保持一定的湿度，长出的豆芽怎样用剪刀剪下来，豆芽怎样洗才更干净，变成美食的过程怎样制作能更多保留食物本身的味道等等，在动手劳作的过程中，也同样在思考。而这种食育方式更像是一个载体，连接了孩子、自然和

诺诺"疯长"的豆芽

生活本身，让孩子能够更加了解他们生活的周围世界，激发他们劳作和探究的兴趣，也对生活本身充满好奇和期待。

（案例撰文：黄莺）

从认识一颗豆子，到生长为豆芽，再到变成餐桌上的食物这一系列过程中，幼儿不仅认识到豆芽作为植物的形状、颜色的变化，也认识到豆芽作为食物的味道、功能等特性，拓展食物的知识链条。通过这样的探索，幼儿对豆芽的认知不仅仅停留在"我吃过它"，而是从豆芽的本体性知识拓展到豆芽的产生和生长过程，并将其自然环境和自然规律联系起来。美食制作环节将食物延续，制作过程也蕴含了我们的文化模式，例如清炒、蒸煮等。这一系列活动让幼儿从一颗小小的豆子中感受到生长的魅力。

（二）开展项目式探究，提高课程有效性

项目化学习中学习者围绕真实情境的相关问题进行深入、持续的探索，调动所有

知识、能力、品质等创造性地解决新问题，并形成公开的成果①。这是一种"动态"的学习模式，有助于激发幼儿的探索欲，培育学习者的主动性。这与小厨房课程"创设真实情境，引导幼儿通过与食物的互动，喜欢中华食物和饮食文化，树立积极向上的生活态度，养成良好的饮食习惯"有兼容之处。在食育实践活动中，老师们也积极探索采用项目化的形式开展。

 面粉的秘密——记大班小厨房项目化学习

1. 项目开展背景

面粉是幼儿在小厨房活动中接触最多的食材，面点也是幼儿在生活中非常喜爱的食物之一。我们制作许多美食的起点都是面粉，面粉混合水或是再加酵母、加调味品，可以变化出不同的面团，再制成幼儿喜爱吃的食物。开展活动前我组织孩子们一起讨论：如果给你一碗面粉，你想做什么食物？面粉都是一样的吗？面粉做的面条是硬的，为什么做的馒头是松松软软的？什么样的面粉可以制作蛋糕？从讨论中，他们对面粉非常好奇，面粉里面藏着什么秘密，生成了项目兴趣点，最终梳理出此项目的线索。

2. 项目开展过程

（1）设置驱动性问题

大班幼儿看到面点图片很喜欢，"这个我吃过，那个我看到过"，可见幼儿对此有一定生活经验。当被教师询问这些美食是用什么制作的，幼儿都能说出是面粉制作的。通过讨论发现幼儿对面粉制品的认识局限于面包馒头，对不同品种面粉的认识经验较少。

表 5-1　关于面粉的 KWH 表

我已经知道了什么	我还想知道什么	我运用这些知识解决怎样的问题
面粉可以制作面包、馒头、饼干。 面粉是白色的。 面粉不可以直接吃。	面粉还可以制作些什么？ 面粉有什么种类？ 面粉做的面条是硬的，为什么做的馒头是松松软软的？ 什么样的面粉可以制作蛋糕？	我在家可以制作馒头、面条。 我能教妈妈和面做面条。

① 夏雪梅.PBL项目化学习设计：学习素养视角下的国际与本土实践［M］.北京：教育科学出版社，2018：10.

（2）建构研究方案

项目化活动的驱动性问题确立，其中包含的知识点非常多，面粉制成的美食有各种各样的，有发面和死面，为什么发酵过程容易失败但是还在使用等等，对于大班幼儿来说信息量较大。因此，我根据以往开展小厨房活动的经验，将"面粉的秘密"拆分成几次活动来进行。

首先需要认识面粉，因为不同种类的面粉可以制作不同的食物；接着就是和面，面粉和水进行融合后才能再制作各种美食；最后制作面点，面点有各式各样的，选择制作的内容要适合该年龄段幼儿。

一个项目分解成几个环节，由难化简，幼儿也有更多的时间，一步一个脚印地进行探索；另一方面，大班幼儿真正参与到小厨房活动，由原来被动地接收，转为主动实践和探索，主人翁意识更强。项目化的方式遵循了大班幼儿的年龄特点，充分地满足了幼儿的发展需求、支持幼儿对食物的探索。

（3）提供多样支持

A. 投放安全、适宜的食材和操作工具

小厨房的使用工具都是生活中真实的工具，幼儿制作过程中随时可以取用，但是

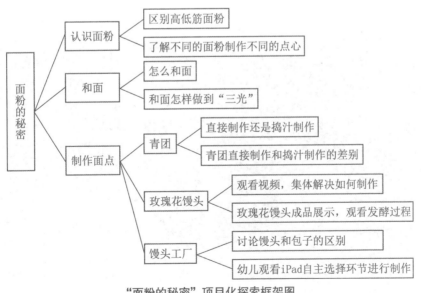

"面粉的秘密"项目化探索框架图

这些工具要安全的和适宜幼儿的。比如青团捣汁活动中，小厨房没有粉碎机打汁，有的幼儿根据以前制作南瓜饼时捣南瓜泥的经验，提出可以自己捣汁。接着，捣汁组寻找各种工具进行捣汁。在寻找工具过程中，幼儿首先选用擀面杖，但发现声音很大会影响其他幼儿，而且菠菜的纤维还是连在一起的；接着，幼儿想到用小刀切断纤维，幼儿发现菠菜的纤维组织都在菜秆里；最后，幼儿想到用剪刀剪菠菜秆，这样菠菜泥更细腻更方便操作。通过幼儿的不断实践操作和修改，寻找安全、适宜的操作工具。

B. 根据活动内容增加电子设备

项目化活动以幼儿实践为主，教师需退后一步，但是又要给幼儿一个指引，教师利用信息化手段很好地解决了这一问题。在玫瑰花馒头制作的过程中，制作视频在一体机大屏幕反复播放，幼儿不明白和不理解的步骤能够马上得到解答，幼儿不需要等待。

C. 教师的语言鼓励与耐心指导

和面是一个复杂多变的物质变化过程，水加多了面粉会变成面糊，水加少了面粉无法聚拢，和面最后如何做到"三光"（手光、面光、盆光）需要幼儿不断实践摸索。在教师的鼓励和耐心指导下，幼儿会用搅面的筷子去刮小盘子上的面块；手上有面疙

和面

搓面条

瘩的就用面粉去搓，搓下的面块再揉进面团里，经过多次尝试能力得到很大的提高。

D. 展示创意成果

小厨房活动遵循"不浪费、珍惜食物"的原则。在项目化活动进程中，每次活动都有成品展示。比如和面的活动，幼儿两两合作辛苦"和"出来的面团大家非常珍惜，那么制作点儿什么呢？食物要制作得快且易做，大家集思广益，投票决定制作面条。做好的面条小厨房现场煮，幼儿的成就感及时得到满足："自己做出来的面条就是好吃！"

3. **研究成效**

（1）提升幼儿参与课程的积极性和热情

项目化活动的驱动性问题是经过教师前期思考确定预设的，教师与幼儿一起以项目为中心开展一系列活动，围绕项目进行自主探究，学会观察，提出问题，解决问题，交流观点，实验验证，形成结论。在这个过程中发现问题、解决问题，都需要幼儿自主探索解决，有时也要面对失败。项目倾注了幼儿的大部分精力，幼儿自然而然会保持参与课程的积极性和热情。

（2）发展幼儿解决问题的能力

以驱动性问题为起点，项目化学习的推进对各个阶段幼儿都产生了不同的问题。同时，在完成目标任务之前，幼儿都需要明确有哪些问题，怎么解决，选用什么方式解决。从问题提出到问题解决，幼儿能够意识到寻求同伴、教师、家长、网络平台获得帮助。如在馒头工厂的活动中，幼儿自由选择制作环节，有 3 个区进行选择，揉面区、馒头区和包子区，每个区有着各自的制作内容。幼儿不再反复询问教师，而是通过观看 iPad 自己探索进行制作或是同伴组合一起探索，一起解决制作中的问题。在寻求方法和帮助他人解决问题的过程中，发展了幼儿的学习能力和解决问题的能力。

（3）激发幼儿自主探索的意识

项目推进过程中，幼儿探索的主动性贯穿始终，主体地位凸显。从最初的问题"面粉有哪些种类以及有什么不同"到"和面以哪种比例的水和面粉更为合适"，再到"馒头工厂"，整个项目从幼儿的兴趣出发，整合家、园多方资源，不仅丰富了幼儿的已有经验，也丰富了幼儿记录、表达的方式。

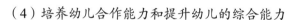

（4）培养幼儿合作能力和提升幼儿的综合能力

项目化学习进程中，无论是和面、青团（捣汁）还是玫瑰花馒头都离不开幼儿的团队协作。幼儿必须尝试与同伴协商、沟通、合作才能共同完成任务目标。大班幼儿已经具有较强的"自我"意识，因此在与同伴进行协商、沟通过程中容易出现冲突，项目过程中幼儿的团队合作能力、社会交往能力和沟通表达能力也得到锻炼。

（案例撰文：尹彩芬）

在持续观察与聆听中，教师发现儿童在食育活动中不仅自然发展了各种能力如协商、制订计划、观察记录等等，而且自主建构了相关的食育知识，丰富了情感体验。在食育活动中，儿童表现出来的假设、验证、迁移和应用知识经验的能力，大大超越了教师对儿童能力的原有认知。儿童在食育中全身心投入的学习效果优于教师的直接传授。

（三）以儿童为本，建立新型师幼关系

随着食育活动的深入，教师对儿童的能力和发展认识更深，愈发意识到自己已知的有限，教师在给予儿童更多探索空间和观察儿童食育活动行为表现的过程中和儿童一起学习、共同成长，构建起平等对话的亲密师幼关系。

新型师幼关系的建立，让教师主动反思集体教学和"教材"的有效性。教师开始真正明白幼儿的日常生活都是食育课程的宝贵资源，课程观发生了真正意义上的改变，建立了"一日生活皆课程"的观念。教师通过创设适宜的环境，设计体验式活动，将课程目标隐含在食育环境中，支持儿童自发地"学"。教师追随儿童的"学"，引导儿童由"做"到"思"。

📝 小鸽子点评

镜头1：

中班美食节，根据孩子们的兴趣我们选择山东菜深入探索，其间对山东菜里的拔丝地瓜、德州扒鸡、九转大肠产生了浓厚的兴趣，当孩子们看到自己投票选择的"德州扒鸡"上了周四的午餐菜单，纷纷开始摩拳擦掌，期待得直咽口水。午餐时间，孩子们期待地捧着德州扒鸡，坐在位子上大口品尝起来，可是大家的表情渐渐从期待变成了疑问，脸上的笑容也逐步凝固。陈老师询问还有谁需要添一些德州扒鸡时，没有小朋友要添菜，甚至还有一些孩子没有吃完。

餐后孩子们告诉我："这德州扒鸡和我在外面吃到的不一样。""这不是我心中的味道。"在最后投票环节，孩子们只能放弃自己班级选择的山东菜，转而支持隔壁班级的川菜，因为川菜中的糖醋里脊酸甜可口，更好吃。

镜头 2：

为了增加每日早点的营养、口味品种，激发孩子对早餐的重视和兴趣，我们增设了豆浆、牛奶、酸奶等让孩子们选择。孩子们的兴趣非常高涨，特别是对豆浆充满期待。第一天喝豆浆的时候，选择豆浆的孩子早早地就来到了教室，为自己倒一杯豆浆开始品尝起来。但是孩子们的表情又一次从满心欢喜到皱着眉头："豆浆闻起来怎么有股臭味。""有点苦。""喝起来有股药的味道，我可以倒掉吗？"渐渐地，大家对于早点饮品投票不再感兴趣了。

孩子们这一句"和我想象中的不一样"引发了我们的反思。我们的食育活动想带给孩子们什么？我们成功了吗？虽然我们前期收集了很多信息，进行了很多互动和讨论，大大激发了孩子们的兴趣，把孩子们的期待渲染到极点，但是最后"直观体验——品尝"环节这"临门一脚"有没有击中"孩子的灵魂"呢？"和我想象的不一样"启发我们：要想让食育课程深入人心、得到实实在在的效果，就必须关注孩子们对食物的反应，倾听孩子们的反馈。

1. 让孩子们的反馈"被看见"

碰到这种情况，按照我们以前的做法，就是小朋友们聚在一起找个时间投票、谈话。但这样一来，需要成人牵头组织投票，解读结果，而且投票结果无法长久保存。在和孩子们讨论的过程中，有个孩子发言给了我们灵感："我妈妈每次带我出去吃饭，都要查一下大众点评网的。"教师问："哦？你知道什么是点评网吗？"孩子骄傲地回答："当然咯，我和妈妈会找一些餐厅，如果上面有 5 颗星，我们就去，如果有人给差评，我们就不去。"

我们班级是不是也能做一个"小鸽子点评"呢？按照这个思路，我们以店内食品卫生检查为灵感，设置了 3 个不同等级的投票桶：美味、一般、不好吃，配以彩色投

菜肴投票桶

票球，期待孩子们用这些投票桶对菜品进行反馈。

2."小鸽子点评"开始了！

投票桶使用了一段时间，给大家带来了很多惊喜和灵感。

比如：为了投票，孩子们的进餐态度更加端正，更加认真品尝每天的午餐。因为孩子们说："我在一边吃一边思考，今天好吃还是不好吃。"孩子们在认真行使自己的"投票权"。餐后孩子们会交换意见："你今天投了什么？""啊？我觉得今天的鱼不错啊，为什么你觉得不好吃？""为什么你不喜欢今天的炒饭？""因为我想吃炒面。"孩子们认识到，原来每个人的口味是不一样的，我们可以分享自己的美食，也要尊重别人的口味和习惯。

还有，孩子们对"统计、看数据"产生了兴趣。投票桶内球的数量一目了然，如果对数量不确定，孩子们还会数一数，自己得出数量上的结果，形成一定的"前数据分析"的能力。更重要的是，孩子们对"投票桶"不再满足，他们希望可以得到更多的数据让投票桶发挥更大的作用。

3. "我希望大厨师可以看看我们的点评"

孩子们的味蕾和大人不一样，孩子们热切地希望自己的意见被大人采纳，教师非常支持他们，于是班级里又多了一本"小鸽子点评本"：详细记录日期、投票结果、孩子们的意见（好的、需改进的）。当然，孩子们的反馈不一定对，大厨师有很多烹饪技巧、选材都是以孩子的健康为主。教师也邀请了大厨师来阅读孩子们的点评本，让大厨师和孩子们现场探讨，双方共同进行切磋、碰撞。孩子们知道了：菜肴不是越咸越好、米饭面条五谷杂粮样样都要吃、适当地咀嚼有助于牙齿发育等等。

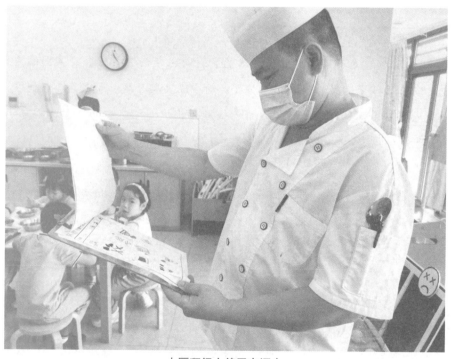

大厨翻阅小鸽子点评本

（案例撰文：郁雯婷）

这种改变突破了传统意义上的"我教你学"，教师捕捉餐点中幼儿的反馈，改变视角，根据儿童的反馈调整课程的架构，进而以多种方式提供儿童自主学习的环境、

时间、机会和工具，支持儿童自发学习、主动建构知识。

（四）多方协同，在"教学做合一"中成长

　　食育活动中，教师们树立起"每一个儿童都是发展中的独特的个体"的观念，真正做到尊重儿童、理解儿童。实践中，教师坚持不懈地观察、倾听、反思，对儿童发展的认识不断增强。教师在食育活动中时时处处都能发现儿童的学习和发展，拍摄了很多精彩的照片和视频，体会到食育对儿童发展的价值。渐渐地，在食育乃至其他的日常活动中往后退一步，给予幼儿更大的探索空间成了教师的习惯，自然而然地在生活环节中做到让儿童自主。

📝 小鸽子餐厅的故事

　　"小鸽子餐厅"是我园每月开展一次的食育特色活动，每月会有不同的主题和形式。进入中班后孩子们第一次小鸽子餐厅活动在班级里开展。和以往年级组在同一时间同一地点进餐不同，今年孩子们在自己班级开展"坐在哪里吃""和谁一起吃"，由孩子们自己选择决定。围绕这个活动班级里开展了一系列讨论：

幼儿讨论：哪些地方可以用餐　　　　　　　　　幼儿自主选择和谁一起用餐

师（问题1）：可以坐在哪里吃？

有的孩子指指各个区角里的桌子，有的小朋友指了指垫子，旁边小朋友摇摇头。发现这个冲突后进一步延伸讨论。

师：你觉得在垫子上吃可以吗？说说你的理由。

幼A：可以，因为秋游的时候我们也坐在垫子上。

幼B：不行，如果在垫子上吃要猫着腰，不舒服。

幼C：在垫子上吃华老师不方便消毒。

幼D：在垫子上吃，如果食物撒出来了不方便清理；脚踩到了容易踩得教室到处都是，脏脏的。

紧接着教师进一步介绍了当天的餐点，请小朋友们比较和秋游餐点的不同，最终孩子们达成一致的看法：在垫子上吃不合适。

由于孩子们画画水平有限，表达的图示相互之间不易理解，因此老师画出示意

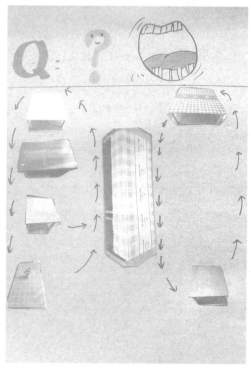

幼儿设计取餐路线

自助餐当天取餐情况

图，并请孩子们录制自己的回答，小朋友可以用点读笔听图示表达的含义。

全体小朋友确认了解哪些地方可以选择后，我们开始了第二次讨论：

师（问题2）：和谁一起吃？

孩子们自主选择和谁一起吃、坐在哪里吃，最终形成相应的环境版面，以便孩子在忘了时可以对照着看自己之前的选择。

"原本以为几个小迷糊可能会忘记自己最初选择和谁坐在一起，担心可能会有小朋友争抢某一个座位，但在活动当天没有一个小朋友忘记，也没有一个小朋友发生争抢座位的情况，个别孩子在想坐一个位置的时候会相互协商。"

选择好同伴和位置，预设教室布局，讨论一些吃自助餐的注意事项后，我们进行了第三次讨论：

师（问题3）：这么多小朋友，怎样缩短等待时间快速取餐呢？

幼：排队，一个个取。

师：排队怎么排？请孩子们示范。

最终孩子们发现餐桌放中间，孩子们分成两支队伍从两边走。师生一起指定相应的路线，并尝试走一走，如不合适及时调整。

（案例撰文：陈宇童）

食育活动提供了真实的情境，教师围绕活动的关键点抛出一个个问题，引导幼儿认知冲突，幼儿通过讨论，尝试去思考、去解决，活动过程本身成了一个不断提出问题、解决问题的动态生成过程。

在食育探索过程中，亦让教师们重新定位自身角色，即教师既是儿童的引路者，为儿童创设情境，提供营架，支持儿童进一步发展；更是儿童的同行者，积极倾听儿童的想法，鼓励儿童大胆表达；同时也是学习者与研究者，学习儿童对世界的好奇心与探索欲，观察分析儿童的行为，在与幼儿互动过程中实现教学相长。

第二节
支持儿童在食育活动中实现主动生长 ①

　　健康饮食是一种重要的社会文化，食物不仅是人体的营养之源，同时也可以维系和促进人际关系 ②。学前教育阶段是幼儿养成良好饮食习惯、建立健康饮食观念、构建健康饮食结构的重要阶段，为未来养成健康的生活方式奠定基础。我园食育课程从"会吃""能做""有礼仪""喜探索"四大目标出发，促进幼儿健康意识、健康行为的发展。

　　一、品美食，健康意识吃出来

　　饮食保健科学中指出，健康饮食的三大原则分别为：进食多类食物、避免暴饮暴食及注意均衡，以吸收各类营养 ③。用一句话概括饮食，主要是为了健康，饮食健康对于每个孩子的健康成长有着不可估量的作用和影响。不仅如此，我们更期望助力幼儿形成"健康意识"，在其终身的成长和发展中，养成健康饮食的习惯，拥有健康饮食的能力。

　　幼儿的一日生活离不开"吃"。传统育儿过程中，家长往往会特别关注给孩子"吃什么好"，新鲜的蔬果、肉类、鸡蛋、牛奶等一个也不能少，总是想方设法为孩子准备各种营养食品，而幼儿更关注的是"什么好吃"。饮料、零食、糖果、香脆可口的油炸食物等对幼儿都具有极大的吸引力，绝大部分孩子还不能准确识别食物的类别，还不懂得人体所需的科学的营养分配比例，会自然而然选择这些口味丰富、颜色鲜艳的食物，两者的矛盾显而易见，如何让幼儿走近健康食物，了解健康食物，接纳健康食物，从不爱吃变得爱尝试，不知不觉地爱上健康食物，潜移默化地养成不偏食、不挑食、

---

① 本节内容由张洁慧撰文。

② 发布者：网友. 健康饮食的概念是什么［EB/OL］.（2021-12-13 07:52:02）［2023.6.22］. 网址：科普亲宝贝 www.kpfx.net.

③ 肖平，秦逊玉. 饮食与健康（研究性学习丛书 9 饮食健康）［M］. 呼和浩特：远方出版社，2007：193—194.

样样都能吃的良好的饮食习惯，这是我们在食育实施过程中始终关注的问题。

爱上南瓜的包子妹妹

　　秋天是一个丰收的季节，在小厨房活动中老师带领小朋友们探索秋日果实——南瓜。小包子坐在座位上远远看着老师切南瓜，时而身体往后仰，时而用手捂着鼻子和嘴巴，时而瞪着大眼睛看老师把南瓜去皮、挖籽、切成小块。不一会儿，老师把切成块的南瓜放在每一桌的中间让大家各拿一块看一看、摸一摸、闻一闻。包子盯着桌上的南瓜，拉住了路过的老师："老师，我不喜欢南瓜，我可以不闻吗？"老师："老师很辛苦才把它切成小块，南瓜是非常有营养的秋天的果实，你可以轻轻摸一摸，远远地闻一闻，实在不喜欢就少摸一会儿，少闻一下，好不好？"听了老师的建议，包子终于拿起一小块南瓜，没料到南瓜却滑到了桌上，包子又捡起南瓜块："没想到你除了营养好，又硬又难切，还挺调皮的嘛。"一边说一边看看、摸摸、闻闻，直到老师说放回盘子才放下南瓜块。

　　第二天下午，厨房送来的点心中有南瓜，几乎不碰粗粮的包子又拉住了老师的衣角："老师，这就是昨天小厨房里的南瓜吗？"老师："是啊，今天要不要尝尝，很美味的哦。""好的，给我一块小的好吗？"包子用调羹把南瓜送进了嘴巴里，闭着眼睛品尝起来，从皱着眉头到逐渐舒展眉头，看来，南瓜已经成为包子的好朋友啦！

（案例撰文：庄燕华）

幼儿自主探索切开南瓜

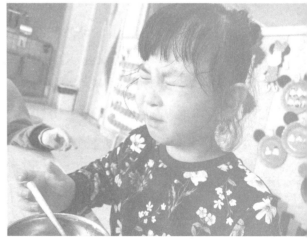

不爱吃南瓜的包子初次尝试

幼儿对食物的喜好和选择很大程度上取决于情感需求，所以让他们爱上健康食物要从了解幼儿喜欢食物和不喜欢食物的真正理由入手，促进幼儿和健康食物无限交流互动的可能，通过实践互动鼓励幼儿主动改变对于某些健康食物的不喜欢。

在幼儿园的每日餐点推荐、小小试菜员、小厨房、美食节庆等丰富的食育活动中，幼儿都有机会主动走近食物，通过观察了解食物，通过品尝和体验知道健康饮食是什么，健康饮食应该怎样做。在对健康食物进一步了解、感知的过程中，幼儿初步养成了不偏食、不挑食、样样都爱吃的良好进餐习惯，在潜移默化中懂得了不浪费食材，保持卫生、科学、文明、自理、健康的饮食习惯的重要性。

桂花拉糕我最爱，我要吃 5 块

上海小吃美食节正在准备美食菜单，小伙伴们和爸爸妈妈去老字号绿波廊探店品尝了各种精美的点心，拍了各种美食点心的照片。

"这是拎包酥，很酥脆，里面是咸咸的螃蟹肉，很好吃的。"

"我觉得这个葫芦酥好看又好吃，葫芦上系着的丝带是巧克力做的，里面是香香的腰果。"

"我喜欢撒满桂花的桂花拉糕，甜甜的、软软的，粘在盘子上但是不粘牙！"

"我也喜欢！我要吃 2 块！"

"我也喜欢，我要吃 5 块！"

依依指着桂花拉糕的照片跟小伙伴分享："我去绿波廊吃了 7 块桂花拉糕，回家就肚子疼了，我的肚子胀鼓鼓的，还想吐吐不出来，妈妈带我去看了医生，医生按了按我的肚子说我桂花拉糕吃多了，肚子工作太累了！"小伙伴们一脸惊讶地听着依依的经历，当当点了点头："这个我在喜马拉雅故事里听过，桂花拉糕是糯米做的，比较难消化，所以吃多了容易肚子疼。"

"那你现在肚子还疼吗？"

"医生给我吃了药，肚子已经不疼啦！所以这几天我只能喝粥呀！以后再好吃的东西也不能吃太多。"

（案例撰文：张洁慧）

幼儿自制的美食节菜单和模型　　　　　　　　分享对桂花拉糕的喜爱

食育课程引导幼儿了解食物对人体产生的各种影响，帮助幼儿积累健康食物与人体健康之间关系的相关经验，从而诱导幼儿自主改善饮食偏好，进一步养成良好的饮食习惯。在食育课程中，幼儿学会思考、判断和选择，感受美味的同时把爱吃变得有节制，学会选择适宜自己健康需求的食物，学会选择有节有度、有觉知、有意识的健康生活方式[①]，初步养成定时就餐，不暴饮暴食，不饿肚子，不因贪吃零食而影响正常餐饮的健康意识，学着关心自己和家人的健康。

——————————

① 佚名.食育：用食物滋养孩子的身心［EB/OL］.（2022-10-08 04:07:55）［2023.6.22］. https://wenku.so.com/d/c645b3ba9d7c15a4ca9cf4e6714946bc

二、做美食，自主意识养出来

幼儿园是幼儿除了家庭外最重要的饮食场所。幼儿园的食育课程将健康饮食的意识融于一日生活细微处。在食育课程的研究探索过程中，我们发现它带给幼儿的不仅仅是健康意识，还有生存技能的积累，对劳动成果的尊重，懂得感恩、珍惜，让每一个幼儿拥有独特的生活感受力。幼儿通过观察、品尝和成人一起制作各种食物来感受自主自理、自我服务的愉悦，体验自主劳动带来的成长快乐。

幼儿的一日生活就是一本活生生的"食育教科书"。春天孩子们走进种植园一起播种，夏天一起浇水、捉虫，秋天一起收获、分享，冬天一起品尝美食。食育课程并不是枯燥的知识技能学习，而是满足幼儿身心需要的愉快体验[①]。在品尝和制作活动中，幼儿了解不同食物的原食材、加工过程，探索和学习常见的厨房工具使用方法，锻炼的小手协调和灵敏，从饭来张口到亲自动手，他们通过丰富多彩的浸润式食育课程体验不一样的烟火气，了解每天吃的饭菜如何从田间搬上餐桌，经过哪些工序加工而成，品尝和制作不同节日、节气之下的传统美味，这些体验式的食育活动，帮助幼儿养成热爱劳动的好习惯。

南瓜探索记

秋天是一个丰收的季节，幼儿在小厨房活动中通过多感官了解了南瓜的构成，并留下南瓜籽带回家种植。转而一轮秋冬，春暖花开。幼儿家中的南瓜籽经过精心的照料，生根发芽，长出了小南瓜，但是也遇到了问题。比如南瓜长不大，比如南瓜在生长的过程中变黑了。的确，种植对幼儿来说并不容易。幼儿在老师的引导下开始讨论种植失败的原因，有的幼儿说长不大是因为缺水；有的认为是盆太小了；有的说是因为土不好，泥土缺少营养；有的幼儿觉得太阳晒多了，晒黑了。那应该怎么照顾我们的植物呢？幼儿根据自己的生活经验，提议将吃剩的牛奶瓶加水摇匀，给植物施肥，也可用有营养的洗米水施肥。还有的幼儿观察家人照顾植物的场景，提出用鸡蛋壳和咖啡渣给植物施肥，增加营养。

大喜宝参与讨论后，有一次在家里吃小番茄，发现里面有籽，就跟妈妈说想把籽

---

① 宋晓婷.食育，幼儿教育之重要课程 [J] 快乐阅读（下旬刊）2013（4）：108—109

幼儿向同伴介绍自己的南瓜苗

幼儿向同伴介绍自己的种植经验

种进泥土里，等它长成小番茄就又可以吃了。于是他们立即行动起来，用湿纸巾培育，等到长根后就栽种到泥土里，并用淘米水、鸡蛋壳为种子补充营养。果真种子生根发芽了并成功进行了播种，培育出了番茄苗，现在大喜宝每天都精心照顾这些番茄苗，期待吃上自己种的小番茄。

（案例撰文：陈越）

　　小厨房、小鸽子餐厅、美食节、小农庄社团等活动让幼儿主动参与理菜、制作的劳作活动，与食物建立情感联系，这些直观体验丰富了幼儿对食物多样性的感受。幼儿通过美食主播活动将自己了解的食物信息传递给同伴，定期的健康活动引导他们关注自己身体的变化（爱牙日、护眼日等），了解哪些食物能够保护我们的健康，帮助幼儿建立自主健康管理的意识。通过种植活动，幼儿观察、记录，尝试持续照料植物，感受坚持劳动的不易，体验收获果实的愉悦。丰富多样的饮食文化体验，让幼儿把食物的美好、膳食的营养和传统文化有机连接在一起，使愉快的美食体验与健康的饮食习惯融为一体。

三、礼仪美，文明就餐记心间

礼仪是人们在社会交往活动中，为了相互尊重，在仪容、仪表、仪态、仪式、言谈举止等方面约定俗成的，共同认可的行为规范[①]。尊重是礼仪形成的根源，也是其所要表达的内涵。儿童时期是行为习惯形成的关键时期，无论在园、在家，或是走亲访友，良好的礼仪不仅是良好家庭教育的体现，也是对别人的尊重。在食育课程中，礼仪是爱、尊重、健康意识的体现。

幼儿园将一餐两点、小鸽子餐厅、节庆等活动中的餐桌礼仪作为食育课程重要的组成部分。从上餐桌的第一天起，幼儿就会在父母家人无形的言传身教和有形的礼仪教导中，感知并逐渐养成餐桌礼仪。

📝 餐桌礼仪小榜样

经过讨论，进餐礼仪的"小老师"在班级群里开课啦！妈妈邀请小朋友一起摆放、收拾餐具，妈妈以身作则，引导孩子参与其中；小朋友为每个家人选择一个漂亮

幼儿向大家介绍自己选的餐具

和家人一起洗碗

---

① 佚名. 礼仪的概念是什么［EB/OL］.（2022-05-25 10:13）［2023.6.22］. https://wenda.so.com/q/1624471784215691.

的餐盘和一张餐垫，在进餐环节体现出仪式感；餐前小朋友请爷爷奶奶先入座，对烧饭的奶奶表示感谢；知道姥爷辛苦了，餐后帮忙递送碗筷、擦桌子；知道食物不能浪费，农民伯伯种出来是很辛苦的，开启家庭光盘行动。幼儿做小老师的形式，不仅对小老师本身有激励作用，对同伴有促进作用，更是幼儿对礼仪的进一步理解，知道进餐时什么应该做，什么不适合做。同时，幼儿是需要被鼓励和肯定的。小老师的形式对幼儿来说有激励作用，激发他们学习餐桌礼仪的积极性。

（案例撰文：殷岑）

一日生活中，幼儿园为每一位幼儿培养良好用餐习惯提供了进餐礼仪的实践平台，在日常潜移默化的模仿、实践中，对餐桌礼仪从了解到实施，逐渐固化成为一种良好的行为习惯。餐桌礼仪的养成不是一蹴而就的，需要长期的引导、培养和内化。食育课程的研究对象不仅是幼儿与食物的互动，同时也是幼儿与同伴、与老师、与家人的互动。通过在园和在家一致的餐桌礼仪教育，每一餐都成为餐桌礼仪的实践课堂，幼儿在沉浸式的环境下与家人、食物、餐具等互动，逐步养成良好的餐桌礼仪，他们在与同伴、老师、家人的互动中感受到中华美食文化中人与人之间的礼仪美。

团团圆圆的美好

幼儿园里的团圆饭开始啦，小伙伴们争先恐后地往自己的餐盘里夹菜，眼看着鲤鱼八宝饭被小伙伴们瓜分得所剩无几，终于湉湉拿到了鲤鱼八宝饭的盘子，她刚举起勺子准备舀一大勺，一旁的好朋友纯纯看着她微笑着，湉湉心领神会，没顾上给自己舀一勺就把鲤鱼八宝饭盘子整个递给纯纯，纯纯舀完后鲤鱼八宝饭只剩了一丁点儿，湉湉看了看还有小姐姐没有吃到，她用勺子舀了一点，把盘子里剩得比较完整的鲤鱼尾巴的部分留给了小姐姐，小姐姐原本耷拉下的小脸一下子笑开了花，高兴地说："谢谢！"

面对自己喜爱的食物所剩不多，湉湉能关注到同伴眼中的渴望，懂得体会好朋友的感受，能用自己的谦让和智慧解决"分享问题"，使自己和同伴都能愉快地享受到喜欢的美味食物。

（案例撰文：张洁慧）

在团圆饭时自选菜品　　　　　　　　　　　　　　幼儿互相谦让热门的团圆饭菜品

小鸽子餐厅中幼儿自主选择不同的进餐方式和进餐地点，自主制订目标计划，发现问题后通过自身的就餐经验寻找解决方法，然后观察比较、思考修正，不断接近直到最终建设成"孩子心目中的小鸽子餐厅"；同时，在自主创设就餐环境中，丰富了自助餐进餐礼仪的体验（餐桌布置、取餐方式、进餐礼仪等），食育课程让孩子充分感受自我效能，获得成功感。

 先试菜再添加

在全班小朋友的协商合作下自主布置好了春日小餐厅，满桌的八珍玉食令旻旻食指大动，旻旻盛了满满一勺炒饭，接着又添了香椿炝豆腐，最后再来一勺咖喱牛腩，端着满满一盆笑眯眯回到了座位迫不及待大口品尝。

旻旻先吃了一大口香椿豆腐，他紧紧皱了皱眉头，放弃了继续品尝，然后舀了一块牛腩，入口的时候他放松了眉头，然后把牛腩一扫而空。

"旻旻，香干马兰头好好吃，你快去添。"好朋友隽隽发来了邀请。"可是我还没吃完，这个味道我不喜欢。"旻旻一脸嫌弃地看着盘子里剩下的香椿炝豆腐，"老师说不可以浪费，要吃完呀。"隽隽看出旻旻的小心思。旻旻低头闻了闻，勉强又吃了一口，隽隽给出意见："你不知道这个味道自己是不是喜欢，可以先添一点，尝一尝，好吃再添。"

在隽隽的鼓励下旻旻终于把香椿炝豆腐吃完了，这一次旻旻在隽隽的陪伴下先取

了一块油焖笋、一块鹅肉、一小勺香干马兰头，细细品尝后，旻旻又去添了最爱的一大勺油焖笋。

（案例撰文：胡佳音）

和同伴交流品尝感受　　　　　　　　　　自主选取适量食物品尝

　　食育课程中的小鸽子餐厅最大限度地将"在哪吃""和谁吃""吃什么""吃多少""怎么吃"的主动权交到孩子手中，让他们体验到前所未有的自由自主和被尊重的愉悦，但同时也面临着许多超出自身认知和能力的"问题"以及进餐规则，这些"问题"推动孩子通过反复思考、讨论、实践、不断解决才能获得最终的成功，这样的自助餐厅模式给予幼儿更多的成长可能性。

　　四、喜探索，美食故事知多少

　　食育课程将幼儿园的一日生活串联起来，在各种活动中给予幼儿走近食物的机会。幼儿通过种植观察、参与制作、品尝节气美食等方式，触摸各种食材，品尝各种食物的味道，深度了解食物与人、与生活的联系；通过动手操作到入口品尝，在看、闻、听、尝、摸的互动中，完整体验一粥一饭来之不易；通过体验式学习了解食物，对食物产生进一步的探究兴趣和能力。

📝 立冬，吃什么好呢？

转眼就立冬了，在南方的习俗中，立冬要吃饺子或者烧卖。孩子们在老师的引导下讨论了最近在家里都吃了什么。

"我家会吃咸咸的饺子，里面是肉。"

"我家里会烧红烧肉。"

原来立冬的时候要吃各种各样比较高热量的东西来帮助身体保暖。今天我们要和老师一起做烧卖。

桌子上摆放了黏黏的糯米，还有一张张面皮。大家观看了烧卖制作的视频，孩子们都跃跃欲试想自己来试试看。"老师，要放多少糯米在面皮中间？""放好糯米以后怎么捏出形状？我的糯米老是撒出来。"老师说："自己试试看，多试几次就会找到好办法啦！"孩子们看着老师做好的烧卖：头是有点褶皱的、身体胖胖的。大家开始自己想办法模仿，有的先把两头对折，有的把面皮捧在手上，然后把手握拳。经过反复观察和尝试，大家都成功地做出了烧卖。小胖张开嘴巴忍不住想尝一尝，依依一把挡

自己动手做烧卖

烧卖"露馅了"怎么办

住："这些还是生的，刚刚视频里放的，要送去厨房让叔叔阿姨放到锅里蒸熟才能吃呀！"小胖笑着吐了吐舌头："我知道，我就是闻闻香不香。"

做完烧卖，依依看着老师开始整理工具自告奋勇："老师，我来帮忙擦桌子吧！我在家帮助妈妈擦过桌子。"老师笑眯眯地把抹布递给依依："擦完了记得检查哦！"依依擦完一遍就会侧着小脑袋仔细观察桌面是否擦干净。

（案例撰文：丁可心）

食育课程结合不同的传统节日、节气挖掘各具含义的特色饮食和故事，为幼儿提供丰富的食育环境。幼儿在丰富多元的食育环境下感知、发现、表达自己对传统节日、节气的理解，也尝试通过自己的方式去创造具有文化内涵的美食。食育课程让幼儿通过传统饮食文化的探究和体验获得更多的体验和成长，探究饮食背后的传统文化，极大地丰富了食育活动方式和食育课程内容。

食育课程为幼儿搭建了一个拓展认知的平台。幼儿通过探索食物的本源而走进自然，体验自然界各种自然生长的、可被当作食物的植物都具有自身的生长规律，这就是时节①。幼儿从认识食物本身特性拓展到对其生长过程的了解，从了解植物的生长规律关注到季节变化对其的影响，从对食物的表象认知拓展到规律认知。

幼儿园组织的传统节气和节日活动激发了幼儿收集、了解具有季节特征和节气特点的食物信息。在和教师、小伙伴一起开展交流分享活动中，幼儿们非常乐于将自己了解的食物与季节、节气的相关信息传递给同伴、家人，在与周围人的互动中持续地探索食物，开展深度学习。

甜粽子 vs 咸粽子

端午佳节，粽飘香。石榴收到粽子口味大调查的任务，在第一时间就对所有的家庭成员进行了采访，并且用统计表的形式记录下每个家人对粽子的不同喜好。

调查后，石榴和小伙伴们讨论什么口味的粽子更好吃，大家都喜欢甜甜的豆沙口

① 佚名.食育课程对幼儿的好处［EB/OL］.（2023.6.15）［2023.6.22］. https://wenda.so.com/q/1661479239213621.

味，还有最新的冰激凌味，都不喜欢油腻腻的肉粽子，可是他看了看自己的家庭调查表，发现爸爸、爷爷、奶奶、姥姥、姥爷都选择咸粽子，只有妈妈和自己选择了甜甜的粽子。于是他给爷爷奶奶、姥姥姥爷打去了电话："你们为什么不喜欢吃甜甜的粽子呢？""甜甜的粽子我们也喜欢，可是我们有糖尿病，医生说不能吃甜食，所以选了咸味的粽子呀！"原来姥姥和爷爷都有糖尿病，不能吃过多甜味食品，所以他们都选择了咸粽子。

因为疫情封控在家，不能和长辈聚在一起吃粽子过端午，石榴牢牢记着爷爷奶奶和姥姥姥爷喜欢的粽子口味，根据他们的喜好，他和妈妈从网上为他们挑选了喜欢的粽子。端午节那天全家通过视频电话一起吃粽子，爷爷和奶奶分着吃一个粽子，姥姥和姥爷也分着吃一个粽子，石榴见状问："你们为什么两个人吃一个粽子那么少呢？"妈妈悄悄告诉石榴："粽子是糯米做的，爷爷奶奶、姥姥姥爷的血糖最近不太稳定，

第一次动手包粽子

我家的粽子口味大调查

吃多了糯米的食物会有危险，所以不能多吃。"石榴恍然大悟，原来生病了要更注意食物对身体的影响。石榴灵机一动："爷爷奶奶、姥姥姥爷，等我长大了发明健康粽送给你们，祝你们身体健康，平安快乐！"

老师请石榴把"粽子故事"画成了一幅画分享给小伙伴，很多小伙伴给家人分享粽子时也会关心家人的健康，发现有的家人不能吃粽子，小伙伴们做了"折纸粽子"表示祝福呢！

（案例撰文：冯恺莉）

食育课程不仅让幼儿学会从自身的经验出发寻找答案，也鼓励他们通过各种途径搜索、寻找答案。在探索的过程中幼儿的思考能力和解决问题的能力越来越强，不仅能够大胆猜测事物发生现象的原因，也愿意努力寻找答案解决心中的疑惑。在体验劳动乐趣的同时食育活动激发幼儿的好奇心，也促进其逻辑思维能力的提高，自主和挑战并存的形式，给予幼儿更多的成长。

第三节
促使幼儿园在课程建设中持续夯实品牌

中福会幼儿园历经 70 多年的持续探索，在食育课程建设与实践中，不断激发幼儿主动生长，唤醒教师专业自觉，提升幼儿园品牌知名度。建园初期，幼儿园便开始编制食谱，研制膳食，开展营养分析，进行烹饪技术比武等，初步形成食育意识；在几十年课程实践的基础上，相继开辟小菜园和饲养场，种植蔬菜、养殖家畜，为幼儿提供均衡、丰富的营养膳食，形成食育雏形；在日常生活、节庆活动、专用活动室、小鸽子餐厅中融入食育理念，创设真实情境，开展丰富多彩的互动体验，建立家—园—社研究共同体，培养幼儿会吃、能做、有礼仪、喜探索的能力，并形成较为完善的食育课程体系。70 多年的食育探索，始终以幼儿为本，不断拓展食育内容，丰富食育内涵，提升课程品质；并借助多元平台，加强示范辐射，不断扩大社会效应，夯实品牌基础，扩展幼儿园整体影响力。

一、以课程为核心，提升幼儿园保教能效 [①]

（一）以食育为重点，形成相互独立又整合融通的高品质课程

在中福会幼儿园，食育无处不在，它融入幼儿发展各个领域，渗透于幼儿日常生活、小鸽子餐厅、节庆活动、专用活动室、社团活动等。"三餐两点"是食育最日常的教育渠道。每个班级创设不同风格的用餐环境，鼓励幼儿自主选择点心、餐具等，进行自主取餐、送餐等自我服务，体现幼儿的自主、自理、自力的能力。每月一次的"小鸽子餐厅"，是食育隆重的登场方式。幼儿通过自主选择用餐地点、设计餐厅logo、布置餐厅环境、设计取餐路线、根据季节选择菜品、自主结伴就餐、文明就餐

---

① 本内容由金婷撰文。

礼仪……形成一个从无到有的餐厅项目化活动。两周一次的"小厨房"专用活动室，是食育特有的劳作项目。小厨房根据季节、时令、节庆等特点，根据幼儿年龄特点实施，幼儿通过亲自动手了解食物的由来、制作的过程等，体验自己动手制作美食的快乐和成就。节庆活动，是食育课程最好的氛围载体。"美食节"专门为食育开设专场，"世界美食""中国八大菜系""沪上老字号"……幼儿根据每年不同的主题，通过探店、吃播、海报、模型、介绍美食等了解背后的食育文化。

幼儿自主选择在幼儿园门厅进餐

这些活动既各自独立又相互联系，活动内容相互融通，活动形式相辅相成，形成整合融通的高品质食育课程。首先，对高度关联的活动内容进行有机整合，如将"小农庄"与"小厨房"社团合并为"小农庄"社团，活动内容从种植、采摘、加工、烹饪，一条龙贯穿，既满足幼儿探索食物的兴趣，又很自然地让幼儿在活动中实现热爱劳动、珍爱食物的食育目标。其次，将形式多样、包容性强、能够满足幼儿多元发展的活动，反复应用于各种主题活动中，如"小鸽子餐厅"涉及营养膳食、自理劳动、行为习惯等多项内容，在春秋游、民俗节、端午节等多个活动中得到应用，支持幼儿在反复体验中不断积累经验。最后，实现幼儿园食育资源的支持共享。为了让幼儿进

幼儿自己动手制作南瓜饼

一步体验中秋节、重阳节、民俗节、端午节等节庆背后的美食文化，充分利用"小厨房"专用活动室资源，幼儿自己制作月饼、重阳糕、汤圆、粽子等，将节庆与小厨房有机结合，将食育融入幼儿生活、贴近幼儿心灵。这些整合融通的食育系列活动，丰富和拓展了"食育"课程体系，提升了教育的整体能效。

（二）以食育为亮点，提升幼儿园"生存"课程实施能效

"食育"是一项意义深远的教育，也是一场全员奔赴的"修行"。幼儿园秉持着科学先进的理念，构建符合幼儿年龄特点和发展规律的食育课程内容，创造一个更自主、更开放的学习环境，实施多元有效的支持策略，发挥课程实施过程中的每一个角色（教师、家长、保健医生、营养师、保育员等）的重要作用，逐步推进课程实施过程中的医教结合、保教融合和家园联合。每一个角色都从被动参与渐渐转变为主动思考，渐渐贴近幼儿的发展需求，进一步提升自身专业素养。课程能效的提升，不仅仅是幼儿能力的提升，更是整个幼儿园联动效能的提升。

在以"小鸽子餐厅"为载体的食育实践过程中，全员合力引导幼儿在自主、开放的环境中会吃、能做、有礼仪、喜探索。虽然每一次"小鸽子餐厅"的主题和形式

表 5-2 "生存"课程实施能效概览（以"小鸽子餐厅"为例）

		"自定义" 小鸽子餐厅	"秋日" 小鸽子餐厅	"美食节" 小鸽子餐厅
医教 结合	举措	✓ 提供 A、B 营养基础套餐	✓ 挖掘秋天特有的蔬菜，融入日常膳食（如秋葵、山药、荸荠等） ✓ 举办秋日美食品鉴会（莲藕、红枣、核桃、橘子、柚子、桂花糕等） ✓ 提供秋日营养水（荸荠苹果水、山楂生梨水等）	✓ 参考上海传统老店的特色产品，自制幼儿点心（如王家沙的两面黄、绿波廊的桂花糕、南翔的小笼包、大富贵的小馄饨等） ✓ 针对上海点心主食多、蔬菜少的不足，进行膳食改良，增补蔬菜的量
	成效	✓ 为支持幼儿"自定义"前提下的脑洞大开，地点有种植园、洞穴、教室等，教师和营养师达成一致，提供的食物必须满足"方便拿取""保证基本营养搭配"的原则，最终推出 A、B 套餐，既满足幼儿自主选择，又保证均衡营养	✓ 以"让幼儿感知秋天，在大自然中享受秋天的乐趣"为目标引领，营养师与教师合作研发"秋日美食品鉴会"，让幼儿试吃各种秋天特有的食物，增进对秋天的理解。活动现场，孩子们十分喜欢这些美食和营养水。营养师能主动根据课程需求，借助自身专业特长，提出更好的设想，为课程活动增添亮色	✓ 幼儿自主选出"最想吃的上海点心"之后，营养师根据结果分析各种点心的营养成分，果断提出"缺少蔬菜含量"的不足，根据营养搭配又增加两种蔬菜。最终，幼儿既品尝到了心仪的上海点心，又弥补了蔬菜摄入量的不足，孩子们吃得健康、吃得满足。营养师在尊重教育意图的同时，利用专业素养查漏补缺，加强课程活动的科学性，提升医教结合整体效能
保教 融合	举措	✓ 支持幼儿自选用餐场地，设计布置用餐环境，自主规划取餐路线等 ✓ 根据"五花八门"的用餐场地，保教人员讨论决定合理有效的消毒流程	✓ 举办秋日自助野餐会，明确保教人员分工与站位"室外草坪"和"室内餐厅"两种场地，供幼儿自主选择	✓ 保教人员共同参与到环境创设队伍中，协助幼儿身临"老上海"之境 ✓ 鼓励幼儿亲自探店，介绍分享上海特色点心与文化 ✓ 结合"中幼币"帮助幼儿制订计划，有计划有目的地逛吃"上海老街"
	成效	✓ 在第一次实施"自定义"小鸽子餐厅时，保教人员都"心中没底"：如何消毒？怎么吃？在满足幼儿设想的前提下，如何做到保教工作的有序开展？最终孩子们在洞穴、种植园等地用餐，教师和保育员明确保育流程，配合默契，为幼儿提供非凡的用餐体验	✓ 面对为幼儿提供更丰富餐食的混班"秋日野餐会"，保教人员需要跳脱本班幼儿，以"全局视野"协助活动的开展。保教人员提前部署室内室外不同场地的分工和站位，根据不同年龄段幼儿采取不同的支持策略，比如大年龄幼儿鼓励自助自取、荤素搭配和进餐礼仪等，低年龄幼儿适当加以协助，加强过程引导等，在热闹的秋日自助餐会中，保教人员各司其职，又相互融合，保障活动有序开展	✓ 在"上海美食节"活动背景下，班级形成"项目化研究"浓厚氛围，教师和保育员一起全程参与各个活动环节，并根据自己的专业领域提出自己的建议，激励幼儿全情投入。教师和保育员不仅仅是简单的角色，同时也是研究上海点心的资源支持，保教融合更加密切，教师的保育观和保育员的教育观，获得同步提升

（续表）

		"自定义" 小鸽子餐厅	"秋日" 小鸽子餐厅	"美食节" 小鸽子餐厅
家园 联合	举措	✓ 亲子合作设计"小鸽子餐厅 logo"，家长负责将孩子设计的图符转变成电子版，打印张贴在海报中 ✓ 幼儿自主讨论确定餐厅的布置，家长极力配合，提供相应辅助材料，比如"森林餐厅"需要各种毛绒玩具，"洞穴餐厅"需要手电筒、彩灯等	✓ 家庭提供野餐垫、帐篷等硬件材料，支持秋日野餐会 ✓ 带孩子逛逛超市、水果店等，帮助孩子在日常生活中认识秋日的蔬果，并提供柚子、南瓜等秋日果实进行运动游戏，提供玉米进行晒玉米、剥玉米、爆米花等项目化活动	✓ 亲子一同探寻"上海百年老店"，品尝了解上海特色点心，协助孩子制作上海点心模型、制作探店吃播视频等 ✓ 家长积极为幼儿准备"老上海风情"服饰，帮助幼儿融入课程环境 ✓ "小鸽子讲故事"栏目，亲子录制关于上海美食的绘本故事，在平台分享播放
家园 联合	成效	✓ 第一次参与"小鸽子餐厅"，家长对幼儿园的需求积极配合，为幼儿园开展活动提供便利。家长利用自身特长，配合将孩子设计的 logo 精进转化成电子稿，支持幼儿所思所想，家长的配合让餐厅的筹备环节有声有色	✓ 有了第一次的初探，家长渐渐摸索出小鸽子餐厅的意图和门路，对于"草坪野餐会"，家长主动询问是否需要野餐垫、帐篷等必须物品，有了提前预判的能力。同时家长也渐渐领悟到，家园配合不仅仅是物质的提供，同时也注重理念上的更新与行动上的转变，他们带孩子走进超市、水果店等，探寻食物背后的缘起	✓ "美食节"小鸽子餐厅的探店任务一发布，几乎每个家庭都趁着周末带着孩子去探访，并在过程中一起了解、认识和讨论上海的美食文化，同时将所见所闻用多媒体方式呈现出来。家委会团队负责的"小鸽子讲故事"，同步推出"上海美食节"专题故事周。家长从一开始的被动参与、提供物质，到后期主动带领孩子探寻美食文化，提供分享支架，家园联合的进程在课程开展中一步步升级

不尽相同，但是每一个食育现场，都能激发幼儿对生活的热爱，养成自理自立的生活态度，使得身心得到全面、健康、充分发展。每一个食育现场，都能唤醒教育者的育人初心，把自主权交给幼儿，把幕后支持权赋予自己，借助自身的教育保育素养和保健营养功底，助推幼儿主动且从容生长。每一个食育现场，都能激发养育者的教育潜能，把手空出来，把时间腾出来，专心致志且有质量地陪伴幼儿成长。依食而养，借食而育，以"食育"强大课程内核，以"食育"提升保教效能，以"食育"润泽幼儿心灵。

二、以食育为抓手，推进家园社合作场域 ①

（一）借助多元支持，形成"食育"共享圈

中福会幼儿园拥有丰富多元的宣传示范平台，如幼儿园微信公众号、微信视频号、Bilibili视频网站（B站）、报刊媒体等。丰富的食育课程内容通过多平台呈现，成为家长及同行可以共享的"资源库"，通过点击、浏览、分享等途径，获取自己所需的"食育"知识和教育方式。打开B站搜索"中国福利会幼儿园"官方账号，在投稿内容中可以看到"食育课堂"这一标签下的一系列视频内容，幼儿园大厨在视频里详细地介绍怎么烹饪"福利小牛排""香芒龙利鱼卷"等一道道创意十足、营养均衡且深受幼儿喜爱的菜品。足不出户，打开视频，爸爸妈妈就能跟着大厨一起制作营养又美味的菜肴。弹幕里"大厨创意多多""宝宝最爱吃了""又来学做菜了"等评论层出不穷，爸爸妈妈看得开心，学得也不亦乐乎。打开微信，点击"中国福利会幼儿

大班幼儿在秋收活动中剥玉米

————————————

① 本内容由王德寅撰文。

幼儿仔细观察自己播种的小菜苗

园"微信视频号，"风靡中幼的小鸽子餐厅"这一视频稿件播放量、点赞量创下新高。视频中，幼儿在"小鸽子餐厅"里自选用餐地点、自选餐食、自我服务的样子令人印象深刻，这样的创意用餐方式不仅是味蕾的享受，更有助于幼儿在进餐过程中养成自主性，就连看过视频的其他幼儿园的同行老师也不禁留下感叹："这个方法值得借鉴，我们也可以在自己的幼儿园开展。"多样态的呈现方式，将幼儿园食育课程理念、内容与方法传递给更多的家长和同行，通过时空传播、云端分享，进一步扩大示范辐射的范围。

（二）家—园—社步步渐进，共建大教育生态圈

美国著名心理学家布朗芬·布伦纳所提出的生态系统理论认为：幼儿所处的生活环境是影响其发展的重要因素，研究幼儿的发展问题必须研究其所在的生活环境。他将理论模型中"人生活的环境以及与环境的交互作用"称为"行为系统"，并把该系统分为从小到大的四个层次：微系统、中间系统、外层系统、宏系统。而幼儿园的"食育活动"是在一定的环境中进行的，根据生态系统理论，食育的环境主要包括三

个相互联系的系统：第一个是微系统，包括幼儿生活所在的家庭；第二个是中系统，包括幼儿最常接触的幼儿园；第三个是外层系统，包括幼儿日常所处的社区等社会环境。中福会幼儿园正是站在幼儿发展中间系统的位置上，不断推进食育课程的发展，向处于内层微系统上的家庭传递食育理念，同时又依托外层系统社会资源丰富课程活动，通过家—园—社步步渐进轨迹，形成更大的教育生态圈。

　　幼儿园一年一度的美食节是孩子们最喜爱的节庆活动之一。从"上海美食节"到"中华美食节"，教师们创设具有教育意义的美食节环境，大厨们准备各地的代表性美食。幼儿在领略美食的过程中，也了解了各地各方的文化习俗与风土人情。在教师和幼儿的带动下，家长们也参与到美食节的活动中，他们或是带着孩子一起动手制作美食，或是摇身一变成了美食街上的店小二，或是与孩子一起裁剪拼贴美食海报，或是成了烤棉花糖、炒爆米花的民间高手，……他们既是食育活动的参与者，更是食育课程的受益者，幼儿园的食育理念渐渐深入他们内心。社区作为美食节活动不可或缺的外环，也是食育课程开展的重要力量。食育活动中教师会带着幼儿走出校园，走进社区，给敬老院的老人们送去幼儿亲手制作的重阳糕，带去美食节活动中准备的各地风情舞蹈，让社区老人同样受益于我们的教育。同时，我们的食育课程也依托社区的支持。美食节期间，家长带着孩子去不同主题的餐厅探店，借助社区力量探秘不同的美食文化，制作海报、拍摄吃播、制作八大菜系视频等，并将成果分享给园内的老师

家庭
亲子美食海报、美食模型；"家庭小作坊"；"全家厨艺秀"视频展示；美食文化风情展（家长资源）

幼儿园
中幼美食街；美食自助餐；美食节主题教学活动；美食文化风情表演（幼儿）

社会
一起去探店；五星大厨来园秀厨艺；美食文化风情展（专业资源）；养老院；等等

家—园—社大教育生态圈（以"美食节"为例）

家长志愿者参与美食节文化集市

和小朋友。正是这一步步地循环推进，使幼儿园的食育课程真正落地，并借助"家—园—社"大教育生态圈，发挥教育的最大能效。

三、以辐射为手段，引领普惠园高质量发展 [①]

（一）以带教为手段，扩大示范辐射范围

示范本区域，助力打造"家门口的好幼儿园"。作为上海市示范幼儿园，中福会幼儿园以"结对带教"和"集团带教"并行的方式，对闵行区、杨浦区等多家"家门口的公办幼儿园"开展示范引领。幼儿园以"生存"课程为载体，以"食育"为亮点，通过输出管理、带教队伍、共享资源等方式积极推广经验与成果，从"点对点"指导上升到"点对面"指导，帮助闵行结对园成功开园和创建一级园，引导杨浦教育

---

① 本内容由黄舒华撰文。

集团内的各幼儿园立足本园实际，不断优化办园理念，丰富和完善幼儿园课程体系，提升办园质量。协助集团内所有幼儿园成为上海市优质园，其中一家还成功创建上海市示范幼儿园，并独立成立教育集团，延续雁领使命，扩大示范辐射范围，有效带动区域内"家门口幼儿园"的优质发展。

辐射长三角，培育名园长"种子"队伍。作为首届长三角基地示范园，中福会幼儿园承担着长三角名校（园）长的培训任务。幼儿园以课程建设为引领，以"食育"活动体系为经典案例，通过专题讲座、教学研讨、个别指导等，引导学员们针对自身特色，不断明确本园的办园理念，夯实课程内涵。"食育"的成功案例为学员们提供可复制、可借鉴的经验，名园长队伍的快速成长，犹如颗颗"种子"，在区域内积极发挥示范辐射作用，推动长三角地区学前教育均衡发展。

惠泽中西部，将理念与方法传递到贫困边远地区。中福会幼儿园始终践行宋庆龄先生提出的"把最宝贵的东西给予幼儿"的教育情怀，积极承担"小树苗"和"春兰"计划，通过专题培训、跟岗实习、实地指导等对口遵义市和铜仁市，开展支教帮扶工作。幼儿园以"生存教育"研究成果为案例，围绕"食育"进行经验分享，打开了学员们的眼界和思路，帮助当地的园长和教师更新教育观念，引导他们关注幼儿、立足现状，开展针对真实问题的探索实践，逐步形成基于本土的经验和方法。幼儿园的倾囊相助，帮助提升中西部地区的幼教水平，在全国脱贫攻坚战中发挥了积极的作用。

（二）以内涵发展为愿景，积极推进"幼有善育"

中福会幼儿园在长期"食育"实践研究的过程中，不断反思自己："食育的内涵是什么？""怎样给予幼儿最宝贵的食育意义？"幼儿园在70多年的教育历程中，不断从幼儿的真实问题出发，不断破解不同时期中"食育"的根本问题，这也是推动幼儿园内涵发展的关键问题。"会吃、能做、有礼仪、喜探索"不是简单的口号，而是承载了教育者们一路走来对"食育"的期待，是对幼儿自主自信发展的美好愿景。"食育"的实践与反思，让我们认识到，现代社会不仅要关注幼儿的全面发展，而且要注重激发幼儿内在发展的主动性和未来发展的可持续性。因此，我们以"食育"为契机，遵循国家育儿目标，开展科学研究和评价，注重教师队伍建设，构建家—园—社合作共育场域，形成完善的"生存教育"活动体系，不断提升发展内涵。

小班幼儿在草坪上开展秋日自助餐

　　前不久，幼儿园梳理总结的教育成果《"把最宝贵的东西给予幼儿"——幼儿园幼儿"生存教育"70年》获上海市第三届基础教育教学成果特等奖的殊荣。其中"食育"作为"生存教育"不可分割的一部分，采取情境浸润、问题驱动、工具支持、评价随行等实施策略，支持幼儿在活动中经历，在情境中体验，在互动中建构，在实证中生长。幼儿园70多年来始终秉持宋庆龄先生倡导的"加强科学研究"的办园方针，持续开展课程探索与实践，支持幼儿主动生长，推动幼儿终身可持续发展，并将研究成果和经验毫无保留地示范辐射到各个领域，赓续传承"最宝贵的东西"，为"幼有善育"作出自己的努力和贡献。

　　中国福利会幼儿园长期探索研究"生存教育"的核心价值和关键意义，将"食育"作为研究实践的重点，构建符合幼儿年龄特点与发展规律的可操作的食育活动体系，通过丰富的内容、多元的形式、多维的角度，将食育理念转化为保教人员和幼儿

家长科学育儿的能力，转化为上海市乃至全国学前教育可复制、可推广的经验。幼儿园在"食育"探索研究的过程中，通过基于幼儿的理念引领、相互融通的内容架构和多元有效的策略支持，不断丰富课程内涵，提升保教能效。研究过程遵循家—园—社共育轨迹，共建家—园—社合作场域，形成大教育生态圈。研究成果通过幼儿园公众号、视频网站、公众媒体等多样态呈现，拓展示范辐射形式；通过集团带教、种子培训、支教帮扶等形式，扩大示范辐射范围，将宋庆龄"把最宝贵的东西给予幼儿"的教育情怀和思想落到实处，并将之演绎成让更多幼儿受益的"最宝贵的东西"。

香菇是小艾一直不太喜欢的食物。为了帮助小艾爱上香菇，妈妈带着小艾一起在家种植香菇。小菇菇虽然可爱，但臭臭的味道，还是让小艾躲得很远。老师鼓励小艾把自己种植香菇的好办法分享给大家，让小艾带着大家每天照顾香菇宝宝。香菇宝宝长大后，大家一起采摘、清洗送到厨房给高帽子叔叔做成了美味菜肴，在大家的带动下小艾品尝了自己亲手种植的美味。外婆听了小艾的故事，包了好吃的香菇饺子。小艾把美味的香菇饺子告诉伙伴们，在幼儿园的小厨房里大家一起制作品尝。

小艾吃到香菇馅的馄饨皱起眉头，故意悄悄地把馄饨扔到地上。

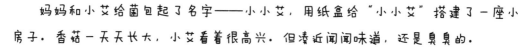

妈妈和小艾给菌包起了名字——小小艾，用纸盒给"小小艾"搭建了一座小房子。香菇一天天长大，小艾看着很高兴。但凑近闻闻味道，还是臭臭的。

幼儿园里老师带着孩子们一起种香菇，
小艾成了"种菇小师傅"。

孩子们欣喜地采摘长大的香菇宝宝，送给厨房的高帽子叔叔。

看大家都说香菇好吃，小艾
也忍不住尝了一口。滑滑嫩嫩的
香菇真的还不错！

来到外婆家，小艾向外婆介绍起种香菇、吃香菇的经历，外婆当场决定让小艾帮忙一起包香菇饺子。

小艾向同伴们介绍了好吃的香菇饺子，得意地说："香菇饺子不仅好吃，还可以提高我们身体的免疫力，让我们少生病更健康！"

（策划：张洁慧　撰文：庄燕华、陈越　插图：黄文洁）

"自定义"小鸽子餐厅实施过程中，幼儿投票决定用餐地点"山洞"。但当实地考察"山洞"时，幼儿却对环境大吃一惊，如何把"不毛之地"变身为"富有情调"的小鸽子餐厅，孩子们开展一系列"环境大整治"行动，终于在一次又一次"自主讨论—实施行动—观察反思—持续改进"过后，孩子们成功改造的"洞穴餐厅"诞生啦！

孩子们投票选出小鸽子餐厅的用餐地点"山洞"，但实地考察时发现，山洞里又脏又黑，根本不像个餐厅。

孩子们针对山洞的"脏乱差"问题展开讨论，最终决定自己动手，清洁打扫山洞。

可是，山洞里这么黑，怎么吃饭？孩子们又开始安装吸盘吊灯、搬来桌椅……

孩子们又遇到新问题："吃什么""座位怎么安排""去哪里洗手"……

孩子们一起投票决定吃什么、自主设计座位图、解决卫生消毒问题。

接着，孩子们集体投票为餐厅取名，并征集餐厅LOGO。

最后，加上菜单、摆台、鲜花、气球……"洞穴餐厅"终于诞生啦！

（策划：黄舒华　撰文：王德寅、徐玮蔚　插图：黄文洁）

6

确立深化儿童食育研究的
拓展路线

食育渗透在幼儿成长的过程中，是面向儿童乃至全体国民普及健康生活理念的基础教育，也是一项以跨学科为载体的综合教育。不仅涵盖营养、健康等科学知识，也与饮食习惯、文明礼仪、传统文化、社会认知等紧密关联。中国福利会幼儿园的食育研究从建园初期开始关注儿童营养均衡的健康问题，经过七十多年的探索研究，形成"食育课程"品牌。本章对具有一定科学性和有效性的以形成性评价为主的食育课程评价体系量规，即对幼儿成长记录或者表现予以评价的系统化标准化进行实践和作出思考，提出建立评价连续性和一贯性的保障机制，发挥食育教育指引和质量监控的重要作用。家园共鸣，形成家长、教师、幼儿园食育合作共同体，探索共同体食育理念更新途径，食育意识、行为同步路径，构筑家园共育新空间。鉴于本园食育课程经验是基于上海的城市文化背景，以及本园所具有的为幼儿发展需要而创设的独特性，如何结合各类幼儿园所存在的差异性创新辐射方式，将食育成果有效地进行示范辐射，以转化为可复制的有效经验，本章谨提出一些建设性意见，如完善食育在线资源库，形成数字资源，研发在线课程、电子杂志、App 等，以便让更多儿童获益。

第一节
做准评价支持，为食育工作提供客观证据和教育指引 [①]

食育课程评价在整体实施进程中发挥着为食育教育指引和质量监控的重要作用，所实施的以形成性评价为主的食育课程评价体系具有一定的科学性和有效性。通过提供的客观评价证据，可以了解到食育课程目标制定、评价内容、方法形式是否遵循"以幼儿为本"的初衷。在评价主体、评价维度、评价方向、评价途径等方面兼具多样性，能有效全面地实施评价，高度匹配食育课程的培养目标。因受到不可抗力等因素的影响，以下分析食育课程评价过程，提出一些相应的后续思路和展望。

一、帮助评价主体深化理解评价量规

（一）食育课程评价量规之优化

幼儿园食育课程评价量规是对教师、儿童、家长、管理者的考验，是对幼儿成长记录或者表现进行评价的系统化标准。随着食育课程实践的不断深入，出现了新的食育课程内容和参与主体，量规的设置需要进行与之契合的优化，使食育课程评价的量规更具有科学性和可操作性。在现有量规基础上初拟优化量规的一些思考：

一是邀请儿童医学专家或者具有医学背景的儿童家长，以及与食育相关人员从健康饮食、食品安全等角度，补充量规的制定。二是继续开发食育项目，根据四季节气增加农耕体验课程的评价量规。三是实施多元课程评价量规，以适合不同特质的评价主体和遇到不可抗力因素时的配合使用。采用以形成性评价为主的阶段性结果评价的综合量规，发挥多元化评价主体的强项；以定性评价为主的定量评价、定性评价是考

---

① 本节由董雍洁撰文。

量评价主体的目标达成度。平衡定量评价单一的标准，最终确定评比主体在评价体系内的相对位置。

（二）食育课程评价方式的多样性

评价目标为食育课程真正激发儿童"主动生长"和促进教师的能力提高提供了依据和参考，掌握评价量规是实现课程目标的关键环节和判断工具，对多元主体实施的不同评价方式也具有重要的导向作用。设想增加的部分方式为：一是评价主体是如医学、农学、生物学、营养学等食育专业人士，用理论认知、实践经验、情感体验的传授方式，侧重于单一领域内的评价，使课程评价方式呈现多样性。二是混合评价，由食育课程设计成员、学校管理者、教师和儿童进行协同评价。不同的知识储备、食育感受及经验积累，互补互为，改进课程评价的质量和要求。三是补充在遇到不可抗力因素时可使用的、针对线上食育课程教学的评价量规方案，包括在问卷设计中增设对于线上课程的问题选项，以及不同评价对于线上教学的反馈意见和看法。

不同的食育课程评价方式可以促成更多的评价手段。比如可以设计在园区内开辟四季种植园，成为儿童直接参与食育评价的工具。以四季天然气候为依托种植食用农作物。春季种植红白紫色的西红柿、春萝卜、茄子等，夏季种植可生吃的黄瓜、生菜、空心菜等，秋季种植富有植物蛋白、补血的白菜、菠菜、柑橘等，冬季种植小油菜、甘蓝类、葱蒜类等。农具的作用使用、泥土的深浅翻耕、种子的撒播培植、蔬果的色彩缤纷，每一滴辛勤灌溉的汗水，每一项成果都是每一个儿童参与食育评价的工具。基于栽培蔬果的真实情境，能激发儿童浓厚的兴趣和保持持久的热情，让儿童真正走向自主生长之路。

（三）系统化规范化的培训

食育评价过程涉及了多元主体的共同参与，评价主体的多元化和身份各异，对食育课程评价目的的认知会产生差异，认知的偏差也会导致量规运用得各行其是，难以起到量规其本身的真实性评价的作用。因此，在食育课程评价开展前，需要具备较强课程管理能力的管理者发挥统筹能力，组织培训教师、家长，并协同其他参与主体共同参加量规系统化、规范化的培训。解读食育评价体系和各项目标的量规，评价过程紧密围绕评价目标开展，对评价目标进阶和食育量规准确运用有清晰的理解。汲取不同主体的意见，矫正不同主体之间的认知偏差，确保每一位评价主体都能充分理解评价目标的具体释义，不同主体对于课程评价量化指标和实施细则形成相对统一的评价认知。通过培训，评价主体在评价过程中能够以发展的眼光看待幼儿，既评价幼儿现有水平，也能够发现、尊重不同幼儿在食育经验、兴趣、学习特点等方面的差异，评价幼儿在食育课程中的发展潜能。

二、加强评价实施中的家园一致性

（一）家长参与食育课程实施

多元化的食育评价主体能帮助幼儿园、教师从多种渠道获得食育评价信息，其中，家长评价部分主要由家长自主在家观测完成。不同家庭、不同教养人、不同教养氛围的差异对评价结果会产生一定的差距。同时，居家期间部分在校实施的食育课程由线下课堂形式转为线上家园合作的形式展开。例如小厨房系列活动，执教主体从具备较高食育课程领导力、执行力的教师主体转换为家长主体，可能会对食育课程实施效果产生一定的影响，也是家园食育课程评价一致性需要关注的问题。在线上课程开发前需要充分评估和论证其科学性，在课程实施中可监控目标的有效实施过程的合理性，课程实施后进行效果评估，为线上食育课程评价体系的建立找寻有效模式。

（二）食育课程宣教活动

对于家长群体而言，可能缺乏食育教育专业知识和科学的实践经验，形成各不相同、自成固有的食育方式和评价认知。为了帮助家长进一步准确、客观地评估幼儿饮食习惯和发展能力，配合食育课程评价的家园共育实施，需要课程管理者对家长群体开展对外食育课程宣教活动。不仅有上述陈述的专门的培训活动，也需要走出去进社区进行专题讲课，以家访形式对特定对象、特殊状况进行个别辅导，或请有经验的家长作出示范。从而帮助家长准确理解课程价值和目标，掌握量规的使用方法，能在食育课程评价过程中发挥更强的主体作用。

（三）构筑多元的家园指导支持策略

食育课程评价管理者除了课程宣教活动，还需要构筑多元的家园指导支持策略，帮助家长充分理解食育课程实施的意义和实施策略。例如，评价内容的编制中增添家长在评价过程中的指导建议，帮助家长在评价过程中充分理解评价内容的用意及不同评价指标的具体释义，提升评价的科学性和客观性。再如，充分利用日常的家园沟通渠道，通过每学期的家长会穿插课程实施的情况汇总；通过每周的家园之窗传递近期课程理念和价值；通过家委会的牵头作用激发班级家长参与食育课程实施和评价的热情；通过教师一对一的家园联系帮助个别家长开展食育评价的共育，从而全方位、多角度构筑食育课程评价的家园共育空间。

三、建立评价连续性和一贯性的保障机制

（一）保障机制建立的指导思想和原则

食育课程评价保障机制建立的指导思想是在我国教育制度下，为全面推进素质教育和课程改革，遵循以儿童为本的初心，提高儿童生活能力，培育科学幼苗，培养儿童实践能力和创新精神。食育课程评价原则，一是有利于儿童的全面发展，提升教师教育教学质量。二是重视儿童食育潜能的发展，提高多元化评价主体的实践和创新能力。三是评价量规体现的是基本尺度，但更要关注对幼儿食育差异性的因势利导。四是量规设定基于连续性和一致性，体现评价的真实和有效。五是评价情景自然化、评价方式多元化、评价手段科学化、评价主体全面化。

（二）重视课程管理评价环节

课程实施评价、课程实施效果评价、课程管理评价是组成一个完善课程评价体系的三部分。食育评价体系包含了儿童食育情况问卷调查、个别访谈、儿童食育状况观测表、儿童档案袋、教师食育考评表（含自评、他评）、食育活动反馈和量规。可以发现目前主要是以课程实施评价和课程实施效果评价为主，对课程管理评价部分有所忽视。下一步发展思路可以从健全食育课程评价连续性和一贯性的保障机制入手，建

立、强化课程管理相关方面的评价体系。对于管理主体、管理内容、管理形式、管理实施、管理效果等建立起完善的评价机制，以终为始，激励课程管理者监控食育课程评价实施的连续性和一致性。

（三）准备课程管理评价的备选方案

评价实施的最有效时机多数是在食育课程结束后立刻展开。在本次食育评价支持的过程中，由于受到了居家线上施教的局限，实施过程需要根据政策变化进行灵活机动的调整，评价过程的时断时续降低了连贯性。为了保证评价体系能够在最佳时机得以落实，保证课程评价的连续性和一致性，需要课程评价管理者进一步确立相关的保障制度。若是出现不可抗力因素，应有一套食育课程管理评价的应急预案，结合多渠道、多手段、灵活变通评价方式以保证支持食育课程评价的开展。预案中提供不同情况下评价内容的调整方案，例如课程以线上形式开展时，部分评价内容可以做相应的调整和补充，或在部分评价条款中增添特殊情况下可选的评价选项。

综上所述，评价支持为食育课程提供着客观证据和教育指引，分析评价过程中的优势和不足，思考科学的评价支持会让食育课程的实施得到进一步优化。后期将从深化评价量规的解读、加强评价过程中的家园一致性、重视课程管理评价环节和健全评价保障机制入手，进一步优化评价体系，为食育课程真正激发出幼儿"主动生长"提供参考依据。

第二节
做实家园合作，将食育作为提升健康素养的重要途径 ①

在食育课程的研究中，我们认识到食育对幼儿的影响是潜移默化的，食育教育渗透在幼儿的一日生活之中。家庭作为幼儿人生的第一所学校，不仅是他们生活成长的重要场所，也是食育实践的基础场所。幼儿对于食物的了解、饮食的习惯以及饮食方面的喜好都受到家庭的直接影响，家庭环境及家庭成员对食育的作用是不容忽视的，家庭成员是幼儿形成饮食习惯的直接影响人。因此，我园在课题研究过程中，充分认识到家园共育的重要性，建立家长、教师、幼儿园三方联动，形成食育教育的合作共同体。

回顾整个研究过程，在家园共育方面既有显著的亮点与成果，同时也存在不足，有待我们在后续实践中继续优化与调整。

一、食育研究在家园共育方面的优势

（一）课程有历史、有底蕴

我园创办 70 多年来，长期关注并研究儿童的营养膳食，无论从烹饪方法还是养育方式上，都形成了一套可运用、可操作的实践经验。随着时代的发展，食育课程在时间长河的磨砺中既有传承也有迭代，家园共育方面的课程资源也十分丰富。

（二）队伍有实力、有干劲

我园注重人才队伍的建设与培养，特别是近年来，无论是教师团队，还是营养、保健、保育团队，各方面人才储备全面，为食育课程理论与实践研究提供向上发展的

---

① 本节由朱蓓蓓撰文。

空间。同时，在家园互动中，显著的专业能力更能获得家长的认可与信任。

（三）研究有引领、能创新

办园至今，我们始终遵循宋庆龄先生提出的"实验性、示范性，加强科学研究"的办园方针，长期重视儿童食育，以科研引领课程，确立食育课题，在实践中探索新时代食育教育新路。

（四）家园有共鸣、有需求

食育课程是源于生活的课程，是家长最易参与的课程，所以在课程互动中，家庭给予积极主动的回应，同时，也收集到来自家庭食育教育中的各式各样的、真实的反馈。有力地说明在我园食育研究中开展的家园共育取得了实效，以及开展家庭食育的必要性。

二、食育研究在家园共育方面的不足

（一）家园互动的持续性和系统性有待提高

食育课程开展中，家园互动较多围绕某个具体的食育内容开展有针对性的互动，比如：带孩子逛菜场、品尝当地特色点心等，不难发现互动中还是带有一定的"任务性"。当这项活动结束，也就没有了延续，并没有将"了解食物源头、了解美食文化"作为一件可以持续开展的"食育内容"。家园互动没有真正深入日常生活，缺乏持久性和系统性。

（二）家庭食育意识与食育行为有待同步

这一问题在家庭中还是比较凸显的，表现为几个方面：

第一，家长的食育理念更新与课程发展不同步。家长的关注度集中在"吃得有营养""不挑食"的层面比较多，特别是小年龄幼儿家庭。而食育教育的最终目标，绝不仅仅停留在"吃"的层面，更希望利用生活场景的真实体验，帮助幼儿获得对食物的

多重体验、感受不同美食文化、形成正确的饮食认知和健康的生活方式，家长理念更新有待提升。

第二，家长的食育理念与指导实践不同步。在实现某个目标的时候，采取的教育手段又和另一目标相冲突，比如：爸爸妈妈知道要培养孩子自主进餐能力，但是将"看手机"或"吃零食"作为奖励是不妥当的。

第三，家庭成员之间的食育理念不同步。比如：爸爸妈妈鼓励孩子自主进食，但是老一辈总担心孩子不够吃、不吃饱，餐前吃小食、正餐追着喂，家庭成员包办宠溺的行为不利于良好进餐习惯的养成。

（三）科学开展食育个性化指导尚显不足

我园当下的家庭食育指导多从幼儿园的视角出发，在一定程度上对家长个性化需求的了解和主动性激发尚显不足。另外，由于网络咨询的蓬勃发展，有部分家长认为自己通过网络已经获得了"科学"的食育观，但依然存在一些极端情况，有的家庭对饮食非常谨慎，对营养摄入过分苛求；有的家庭在饮食上表现出"无所谓"的佛系态度，想吃多少吃多少、不想吃就不吃、想什么时候吃就什么时候吃……这些理念都是有偏颇的，缺乏有针对性的科学指导。

（四）家园互动形式还不够丰富立体

后疫情时代，食育课程中大量的家园共育都转移到了网络平台，但是受平台功能的局限，家庭与教师、家庭与家庭之间的多维沟通不充分，局限于单向展示与呈现的形式，有望后续研究中更丰富、更开放、更立体。

三、食育研究在家园共育方面的后续展望

（一）后续家园共育中，家长层面的调整方向

首先，增进对食育的理解，建立科学的认知。通过问卷调查发现，家长已经意识到"食育"的重要性，但是理念上的更新与吸收是需要时间来优化的。建议家庭成员

的关注点不要局限于"吃",应当以"食"为契机,让幼儿养成良好的习惯,形成积极乐观的心态,热爱生活,悦纳自我。

其次,统一家庭食育观念,保持一致的理念。建议家园之间、家庭成员之间保持一致的教育理念,家园共育方面能更有效地形成合力,可以避免幼儿出现无所适从或者钻空子的行为,有助于强化和巩固良好的进餐习惯,确立正确的膳食营养观念。

再次,提高对食育教育的关注,积累有效的方法。食育教育不是一蹴而就的,在开展家园共育前就需要有充分的准备。首先,是心理上的准备,能清楚认识到食育教育渗透在日常生活中,是需要年复一年地积累才能螺旋上升的,幼儿的成长与变化也许没有这么明显。其次,是环境上的准备,考虑到幼儿的年龄特点可以共同布置有助于食育开展的环境,让孩子在"润物细无声"的轻松氛围中,受到食育文化的熏陶。

最后,支持食育行为的落实,呈现常态化融入。建议家庭成员充分利用日常生活场景中的真实体验,让厨房、餐桌、菜市场、超市、农场、种植盆等都成为食育的课堂,将食育理念真正落实到生活的每时每刻,良好食育行为的培养更需要长期坚持:

◇ 家人共同用餐,传承良好家风。在过程中享受家庭温馨的氛围,懂得感恩家人的付出,增进家庭关系的和谐。

◇ 一起准备食物,体会劳动乐趣。在家庭中,支持幼儿做力所能及的食物,在亲自劳作后能引发幼儿感知食物的来之不易、能珍惜食物。

◇ 进行体验教育,深入了解食材。将逛超市、菜场、海鲜市场等无目的活动进行有目的、有趣味、有情感的设计,帮助幼儿获得真实的生活体验,锻炼交往能力。

(二)后续家园共育中,教师层面的调整方向

首先,加强食育培训,不断丰富自身食育知识。制订教师食育培训计划,一方面开展专题培训讲座,依托园内保健团队及园外专家的专业所长补教师短板,从营养、中医、心理等方面进行多样化教育培训,拓展教师的知识储备。另一方面,加强园内食育教研,围绕议题博采众长,交流实施成效。

其次,提高服务意识,全面了解家庭食育需求。全面细致地了解情况是开展食育教育的前提保障。通过保教部门了解每个家庭来自哪里,有什么样的饮食特色、养育观念、孩子是否存在体质差异等,如此才能针对家庭需求,生成具有班级特色的食育

教育内容。

最后，深入沟通交流，主动开展科学食育指导。在家园共育中，一方面，教师应进行食育理念科普，为家长提供观念上的指引。另一方面，对于有突出食育问题的家庭（比如挑食、肥胖等），提供有针对性的科学指导。

（三）后续家园共育中，园级层面的调整方向

第一，成立"家长专家库"。继续发挥家长优势，如具有医学、营养学、植物学背景的家长，将其纳入"家长专家库"成员，成为食育课程的智囊团。当教师、幼儿、家庭无论哪一方在食育教育中出现问题时，都可以求助于专家库，开展互动交流指导。在交流中碰撞教育理念，让食育过程有迹可循、有据可依，同时，拓宽教师、家长、幼儿园的思路和视野，实现家庭与幼儿园平等和谐的教育互动。

第二，建立"食育课程超市"。科学整理现有的资源库内容，进行细化分类，方便家长根据需求自行选择指导素材，能提供"菜单式"的课程资源。

第三，形成"家长食育手册"，将历年食育活动中，家庭与课程之间的"问题清单"进行整理，梳理出具有可操作性的"指导手册"，便于家庭成员特别是祖辈成员能融入课程互动之中。

第四，架构"家园共育新空间"。对现有的网络平台进行模块优化，让展示类模块可交流、可互动。建立针对共同食育问题的讨论分享区域，发挥家委会的力量，成为"讨论区长"进行内容推荐与组织家庭食育分享交流，充分调动家长在食育教育中的主动性，形成家园共育的新空间。

"食育"的目的是以食育人，食育渗透在幼儿成长的过程中，家园共育让食育课程更丰富，家园互动让食育课程更有效，家园携手让食育课程更完整。

第三节
做好示范辐射，将食育成果转化为可复制的有效经验①

"民以食为天"，中国人的饮食文化源远流长，对于"吃"，我们国人有着无比的热情，因此，关于"食"的研究非常深远广泛。

一、食育研究在示范辐射方面的优势

中国福利会幼儿园的食育研究在70多年前的建园初期就有所尝试、涉及，那时虽然没有"食育"的概念提出，但是研究的内容诸如三餐食谱、营养分析等已经开始关注儿童营养均衡、吃得好、吃得健康的问题。通过70多年的探索，我园食育研究的内涵、内容已经从最初的懵懂，发展成为如今的系列"食育课程"，形成了品牌。

近年来，中国福利会幼儿园通过微信公众号、视频号、B站、平面媒体等多种宣传渠道，多样态地呈现了我园食育研究的新进展，为更多想要了解食育课程内容、实施方法的同行，提供了可资借鉴的蓝本。

二、食育研究在示范辐射方面的不足

（一）根植食育理念

幼儿园进行食育研究，不是简单地照搬形式，更重要的是根植食育教育的理念。我们关于食育的研究截至目前，已经形成了初步的体系。我们更多地向同行辐射的优秀经验多为比较外化的各类活动。例如，小鸽子餐厅、小厨房活动等。关于如何提升幼儿园

---

① 本节由沈弘斐撰文。

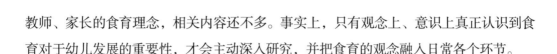

教师、家长的食育理念，相关内容还不多。事实上，只有观念上、意识上真正认识到食育对于幼儿发展的重要性，才会主动深入研究，并把食育的观念融入日常各个环节。

（二）突出区域特点

本园经过系列研究，积累梳理出的关于"食育"课程的成功模式与经验，有自己的独特性，这是基于上海的城市文化背景、本园幼儿发展水平、发展需要而创设的。需要相关的人力、物力的全面支持，包括家长的充分理解与协助，才能达成。但就全国而言，不同地区的经济发展水平、背景文化等皆不相同，例如城市与农村、南方与北方、沿海与内陆、东部与西部，他们在饮食习惯、饮食文化、幼儿发展水平、教育观念、师资水平、家长素养等方面都有较大的差异。因此，如何将本研究成果成功复制到不同经济水平、不同发展条件的园所，值得继续探索。

（三）创新辐射方式

我园有丰富的示范辐射的经验与基础，70多年来与海内外同行有着深入且密切的交流。但是，关于食育的示范辐射方式，多为复制之前的成功经验。例如：开展带教跟教活动，受训幼儿园的老师到我园跟岗学习；支教送教活动，骨干教师带着优质经验下到当地园所，示范做法；开设专项论坛，邀请海内外志同道合的研究者共同探讨系列问题；等等。这些方式辐射面较广，但缺陷是缺少食育的鲜明特色，且现代自媒体时代的特征也不明显。因此，如何创新辐射方式，让更多教师、家长、儿童享受到食育研究的成效，有待进一步探索。

三、食育研究在示范辐射方面的后续展望

（一）提升意识，引导园所形成食育研究的观念和能力

食育研究是一条包罗万象的纽带，能串起幼儿园日常生活的方方面面。但是，如何通过食育研究，落实幼儿健康生活的理念，则是很多做食育研究的同行遇到的难题。我们建议：

首先，形成目标与计划。

从儿童终身发展的视角出发，形成本园所食育培养目标，为园所整体食育课程的脉络发展设定总纲以及实施方案。培养目标可以借鉴我园的研究成果，但是更建议在自由现有课程目标基础上进行结合。

其次，进行实施与观察。

根据目标，组织全体教师、家长捕捉幼儿食育的相关行为片段，在行动研究中搜集案例，验证目标的达成。片段的搜集可以是文字、照片、视频等，并通过教研、科研等方式，进行研讨，形成行为分析报告，为下一步的改进提供依据。

最后，完成反思与优化。

根据大量行为分析后形成改进依据，集体研讨反思与改进，优化内容与方式，并予以实施。此刻，又进入第二轮的目标修正—实施与观察—反思与优化的环节。

就是在一轮又一轮的循环改进中，幼儿、教师、家长、幼儿园在不断的行动中，慢慢体会食育对于儿童健康发展的重要性。

（二）因地制宜，有效帮助园所进行食育研究的园本化实践

中国福利会幼儿园的食育，通过日常生活、小鸽子餐厅、小厨房、节庆活动、社团活动、种植活动等不同形式，让幼儿爱上美食，会吃、能做、有礼仪、喜探索。

但是，不是每所幼儿园都有小厨房、植物园等有趣的食育实践场所，有节庆、社团等各类丰富的与食育相关的专项活动。那么，中国福利会幼儿园的食育经验就是只能远观不能复制的独有经验吗？答案当然是否定的。

事实上，食育是一个包容性很强，可以融合各学科的教育。

例如，食育可以让幼儿在日常的用餐礼仪中学会尊老爱幼、文明礼貌；让幼儿在自己摆弄食物的过程中，体验食物造型与拼搭中的美；让幼儿进入田间地头、家庭厨房，在种植、帮厨过程中培养劳动、感恩的能力；让幼儿在合作完成饮食任务的过程中，体验分工合作的乐趣，培养责任心，获得统筹与规划的能力……

所以，食育经验复制的关键在于，不是简单地照搬照抄，而是认同观念后的因地制宜：抽取食育课程的关键经验，结合本园实际情况，进行园本化实践探索。

但是，如何因地制宜，把本成果的经验进行有效转化？

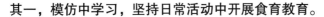

其一，模仿中学习，坚持日常活动中开展食育教育。

与自己园所实际情况匹配的诸如每日餐点、营养健康教育等常规内容，可以先模仿，从模仿的过程中了解食育活动开展的要点。例如，一餐两点，不管处于哪个地区和经济水平的幼儿园一般都会设置，食育研究就可以从这些环节起步。

其二，结合中学习，融合原有课程优势进行内容、形式创新。

可以借鉴本成果已经梳理出的食育培养目标，抽取其中与自己园所原有培养目标相匹配的条目，进行形式的创新。例如，本成果目标四"喜探索"的二级目标"对食物有兴趣，主动探究饮食背后的民俗故事和风土人情"，各园所就可以根据自己的实际情况，创设具有自己本地风味的"** 美食节"，让幼儿在吃吃、做做、玩玩的过程中，了解自己所在地区美食背后的文化与风俗。

其三，生成中学习，根据当地实际环境形成本园食育资源清单。

再次，利用本成果资源库梳理的各项食育素材，根据本园情况，创新重组，形成适应本园实际需求的食育资源清单。例如，农村幼儿园可以利用得天独厚的自然环境，形成不同季节的"采摘清单"，让幼儿尽情地在田野里、山林间、小溪边寻找属于大自然的美味。

食育是一条包罗万象的线索，牵起了教育的方方面面。只要真正接受"食育"的观念，从意识上注重对幼儿营养健康、劳动意识、用餐礼仪、饮食文化等方面的培养，就一定能取得食育教育的成效。

（三）辐射创新，更广泛地进行食育研究示范辐射

中国福利会幼儿园的食育研究需要成功复制，除了园本化的实践转换，还需要多种形式的推广，让更多园所受益。目前而言，除了上述谈到的媒体渠道，本次的专著出版也是更大范围传播的方式。但是除此之外，食育研究的推广方式仍有较大拓展空间。

第一，研发"食育在线课程"。

筛选本成果的经典案例，制作成视频、动画等，提供上线学习。并申报各级各类共享课程，把成果辐射给任何志同道合的同行。比如，拍摄"食育"微课，形成较为

具体的操作范式。首先提供资源：如展示主副食菜单及菜肴制作方法的短视频。其次提示做法：记录儿童如何根据菜单，选择自己喜欢食物的过程，并关注儿童是否注意饮食的搭配合理，如米面搭配、荤素搭配、甜咸搭配等；记录儿童如何自主讨论、规划用餐场所，如何分工合作布置用餐场地的过程。通过一整套完整的操作视频，提供学习者一系列直观体验，手把手教会学习者如何做"食育"。

第二，创办"食之道"电子杂志。

自媒体时代，纸媒的精髓可以进行数字转化，可以尝试创立电子杂志，把食育研究的各种案例、笔记、论文进行汇编，形成在食育领域比较有影响力的自媒体。例如，整理本园现有研究过程中的各种文章、案例，供同行分享；发布征稿启事，征集各领域、各条线关于食育研究的文章，包括同行、家长、社会人士、专家等，博采众长，形成一个关于食育的信息源。再比如，设立创新菜谱板块，把厨师、营养师、保健员、家长也纳入其中，告诉读者怎样把孩子的菜肴做得美味又健康。

第三，建设"小鸽子食育"App。

区别于杂志，偏向于理论性、指导性文章的发布，"小鸽子食育"App更倾向于儿童在饮食教育过程中成长故事的发布。例如，设立"美食小主播"板块，招募幼儿作为美食的主讲人，带领读者去探店，从儿童的角度谈谈美食的"食"与"育"；创设"小鸽子餐厅直播"，把直播形式带进幼儿园，在App上开放视频实况，由本园老师带领读者通过连线方式走入每一期小鸽子餐厅的现场，解说每个环节设置背后的教育意义；征集"幼儿美食故事"，向全社会征集幼儿在家庭中有趣的食育故事，与大家分享幼儿在美食教育中的成长与收获；开放"读者互动平台"，广泛征集读者意见，不断改进App的建设，为更多感兴趣的读者朋友提供食育经验。

第四，完善"在线资源库"。

本园的"食育资源库"汇集了我们多年的研究经验，内容丰富、形式多样。我们将尝试把资源库搬到线上，形成数字资源。形成在线资源库后，有几点优势：首先，数字时代，资料保存最持久、最方便的莫过于数据资源；其次，数据资源便于数据传输，我们不但可以开放我们的研究成果，更欢迎同行不断补充相关资源，让数据库不断庞大；再次，数据资源便于不断更新迭代，我们的食育研究永远在进行中，我们将不断优化补充迭代我们的研究成果，让更多孩子、教师、家长享受到食育的

成果。

　　食育，是一个以跨学科为载体的综合教育。既以营养、健康等科学知识为基础，又与传统文化、社会认知等人文观念息息相关；既有文明礼仪、饮食习惯等社交观念的渗透，又有劳作、感恩、环保等道德理念的支撑。食育是面向每个儿童乃至每个国民的教育，是普及健康生活观念的基础，如何将食育成果转化为可复制的有效经验，让更多儿童获益，我们将继续探索。

来来因家中宗教信仰平时不吃荤，一吃到荤菜就会吐出来。老师向家长说明了荤菜在营养均衡中的重要性后，家长愿意让孩子尝试开始吃荤。老师耐心引导来来吃荤菜，从鲜嫩的鸡肉开始，循序渐进。在家园沟通过程中，家长也遇到烹饪难题，营养师为其提供了解决的方案。最后，来来习惯了荤素搭配的饮食，家长给幼儿园送来了锦旗。

来来的家庭有自己的宗教信仰，平日只吃素，从不吃荤。

老师觉得要从改变家长的观念开始，于是与妈妈沟通荤菜对于幼儿成长发育的重要性。

午饭时老师耐心引导来来，但来来尝了一口肉就不愿吃了。

每日特制荤菜

来来在老师坚持不懈的劝说下，终于主动提出要吃老师饭盒里的鸡翅。老师、保健室、厨房抓住机会，试着给来来定制每日荤菜食谱。

　　来来开始在家里也愿意尝试吃荤了，但又有新问题：家中老人觉得每天要单独做一份荤菜比较麻烦。

　　营养师出谋划策，提供了可使用空气炸锅、微波炉等烹调的菜谱，操作便捷，食物口感佳。

　　在大家的努力下，来来爱上了吃荤菜，家长感激老师的付出，送上锦旗。

（策划：董雍洁　撰文：丁咏镭、姚静　插图：黄文洁）

不剩饭的妞妞

妞妞经常吃完饭碗里还剩下很多饭粒。老师通过开展绘本共读、参观农场和光盘行动，帮助妞妞树立爱惜粮食的意识。自助餐活动中，妞妞经过一番"斗争"后夹取很多食物，最终吃不完倒掉了。老师进一步指导妞妞给食物分类，制订合适的取餐计划。现在，妞妞不仅能自己做到节约粮食，还能提醒小伙伴和家人，把"爱粮节粮"传递给身边人。

妞妞饭碗里还粘有很多饭粒她就跑开玩玩具了。

老师找来《一粒米的奇幻旅程》，妈妈带妞妞去农场割稻子，他们都想让妞妞学着爱惜粮食。

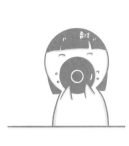  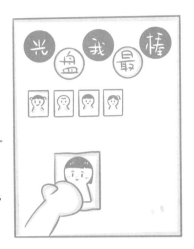

妞妞把饭粒刮干净，得意地在"光盘我最棒"主题墙贴上自己的照片。

自助餐妞妞夹了很多食物，肚子鼓鼓的，盘里还是满满的。

老师指导妞妞操作"食物金字塔"，并请妞妞尝试为自己健康配餐。

小鸽子餐厅开始了，妞妞选择适量食物，她还提醒旁边的肉肉"吃多少，拿多少"。

妈妈带着妞妞和妹妹一起外出用餐，妞妞递给妹妹一张"礼仪小清单"。

妞妞正在打包没吃完的菜，对妈妈说："下次我们少点一个菜。"

（策划：陈宇童　撰文：杨芳、张知源　插图：黄文洁）

图书在版编目（CIP）数据

食与育：支持儿童主动生长的行动研究 / 凤炜主编；
龚琰副主编. — 上海：上海教育出版社，2023.12（2024.5重印）
（上海教师教育丛书）
ISBN 978-7-5720-2434-4

Ⅰ.①食… Ⅱ.①凤… ②龚… Ⅲ.①饮食 – 卫生习
惯 – 教学研究 – 学前教育 Ⅳ.①G613.3

中国国家版本馆CIP数据核字(2023)第243213号

总 策 划　刘　芳　宁彦锋
责任编辑　公雯雯
书籍设计　周　吉

上海教师教育丛书
食与育——支持儿童主动生长的行动研究
凤　炜　主编　龚　琰　副主编

出版发行　上海教育出版社有限公司
官　　网　www.seph.com.cn
地　　址　上海市闵行区号景路159弄C座
邮　　编　201101
印　　刷　上海商务联西印刷有限公司
开　　本　787×1092　1/16　印张 18
字　　数　298 千字
版　　次　2023年12月第1版
印　　次　2024年5月第2次印刷
书　　号　ISBN 978-7-5720-2434-4/G·2158
定　　价　78.00 元

如发现质量问题，读者可向本社调换　电话：021-64373213